草花、葉っぱ、木の実で作る
自然遊び入門

山田辰美

はじめに

「自然大好き、不思議大好き、ふるさと大好き」

　木の実など自然物を使った遊びは、自然への関心を高め、自然との一体感を味わうものです。子どもたちはどんぐりや松ぼっくりなどに触れて、心の中に浮かんだ生き物のイメージを重ね合わせていきます。すると、森の動物などが思いがけないほど豊かな表情を伴って、目の前に姿を現すのです。

　ゲームやテレビなど刺激や情報が多すぎる日常の中で、自然や地域との関わりを充分持てないまま子ども時代を駆け抜けてしまう今日の子どもたちを、自然体験の世界へ引き戻したい。季節感や生命感に満ちた日本の自然の中で、仲間や家族と過ごすことの豊かさに気づいて欲しい。そんな気持ちでこの本を計画しました。

　紹介するクラフト（造形）は、木の実など素材の不可思議な形や肌ざわりなどを楽しみながら、五感と想像力をフル稼働して生き物

に見立てる遊びです。お金で買ったものでは決して得られない世界で一つだけの創作物に、子どもの目は輝くでしょう。素材の多くは生き物が子孫を残すために残した実や種子ですが、これが動物の質感を表現するのに実に適しています。

　家庭のほか幼稚園や小学校の教育現場でも、身近な自然をどう使って遊ばせたらよいか分からないという声をよく聞きます。都会だけでなく自然豊かなはずの田舎の村でも、自然を教材化する方法について指導を求められることが多くなりました。自然遊びやクラフトの教室を開くと、幼児から大人まで夢中になって取り組みます。この本では、私がこれまで蓄積したクラフトの作り方とそのコツを紹介します。伝統的な遊びも取り入れましたが、多くは私が考案した作品です。さらにカメラマン・石井雅義氏による、自然の中に

置いた作品写真が、生き生きとした表情を演出してくれます。作品の多くは初心者でも作れますが、中には上級者向けや作り方の記載がないものもあります。動画サイトに作り方を紹介している作品には MV を付けてあります（詳細は128頁）。

「自然大好き、不思議大好き、ふるさと大好き」が私の活動のモットーですが、同時に子どもたちに心から叫んでほしいおまじないでもあります。手作りのクラフトを通して自然の素晴らしさに目を見張り、このおまじないの精神が心に根付けばうれしいです。そして感性豊かに逞しく生きる力を授けられたらと願っています。

山田　辰美

Contents

はじめに………………2
Contents………………4
自然遊びの達人になるための10カ条………………6

春 Spring………………8

夏 Summer………………30

作品1　ツバキのお雛さま…9
作品2　ツバキのお姫さま…11
作品3　バレリーナ…11
作品4　ねずみの女の子…11
■辰美's VOICE 便利な八重咲きのツバキ…12
作品5　おくるみ赤ちゃん…14
作品6　マムシグサのおじさん…15
作品7　歌うラッパスイセン…15
作品8　ヤナギの芽のペンギン…16
作品9　カモの巣…17
作品10　カモの赤ちゃん…17
タンポポ遊び…18
作品11　鼓・風車…18
作品12　いりたまご…18
作品13　ぜんまい…18
■辰美's VOICE 素材のキャラクターを活かして遊ぼう…19
作品14　タンポポの女王…20

■Column タンポポの不思議…20
作品15　イタドリの巻きずし…21
葉っぱの遊び・春編…22
作品16　踊るウサギ…22
作品17　泣いたキツネ…22
作品18　動物の顔いろいろ…23
作品19　顔の早変わり…24
■辰美's VOICE 指を使って葉っぱと触れ合おう!…24
シダを使った野の玩具…25
作品20　ウラジロのバッタ…25
作品21　ウラジロのトンビ…25
作品22　びっくり目の顔…26
作品23　カタツムリ…26
作品24　食べられた魚…26
作品25　ウラジロの馬…27
作品26　コシダの弓矢…27
■Column 里山のシダで素朴なおもちゃ作り…27
Spring album…28

作品27　シュロのバッタ…31
作品28　シュロのカタツムリ…32
作品29　シュロのカマキリ…33
■辰美's VOICE 細長い葉っぱの遊び…33
作品30　シュロのザリガニと手長エビ…34
作品31　シュロの龍…35
作品32　シュロの馬…35
作品33　シュロのキリン…35
作品34　シュロのダックスフント…35
作品35　シュロの毒ヘビ…35
バッタの作り方完全マニュアル…36
■辰美's VOICE 南国の植物シュロが本州でも増えている!…38
作品36　笑うヒマワリ…40
ヒマワリ大集合…41
作品37　ミニヒマワリ作品4点…42
作品38　ミニヒマワリのぞうさん…42
■辰美's VOICE 生きている花で作る…43
作品39　ピンクのナデシコの妖精…44

秋 Autumn ·····················56

葉っぱの遊び・夏編…46
作品40　アオキの葉のざる・お皿…46
作品41　ツバキの葉のおぞうり…46
作品42　クワガタ…47
作品43　カブトムシ…47
作品44　カッパとチョウ…47
作品45　ゆうれい…47
作品46　カラムシのフクロウ…48
作品47　クズの蝶…48
作品48　不思議な模様の葉っぱ…48
作品49　プラタナスの鳩…49
作品50　ハスのゾウ…49
作品51　カンゾウの馬…49
作品52　メヒシバの蝶…49
作品53　ねこじゃらしのウサギ…49
Summer album…52
作品づくりにあると便利な道具…54

作品54　ススキのオオカミ…57
作品55　ススキのドレス人形…58
作品56　アシのオオカミの群れ…59
作品57　ススキのフクロウ…57
作品58　ススキの切りっこ…59
■辰美's VOICE ススキは危ない!?…60
顔のいろいろ…61
作品59　柿の葉人形（お姫さまとお殿さま）…62
作品60　立ち姿のお姫さま……64
■Column わくらばの魅力…64
■辰美's VOICE 秘かに使おう!便利道具…65
葉っぱの魅力…66
葉っぱの遊び・秋編…67
作品61　イチョウの動物たち（立体お座りバージョン）…67
作品62　イチョウの動物たち…68
■辰美's VOICE オリジナルの作品を作ろう…71
作品63　黄土色のカマキリ…72

作品64　太ったウサギ…72
作品65　ユリのキツネ…73
作品66　花を訪れるハチ…74
作品67　ハスの実のモグラ…74
作品68　動物の舞踏会…75
■Column 翼を持った種たち…76
■辰美's VOICE 見立て遊び…77
お茶の実のおサルさん
顔バージョン…78
作品69　お茶の実のおサルさん
全身バージョン…79
作品70　アケビのムササビ…80
作品71　クズのムカデ…81
■Column 実無し栗…82
作品72　ラッコとカメ…83
素材大集合…84
Autumn album…88

冬 Winter …90

母なる木…91
作品73　紫の耳のリス…92
作品74　フォックスプラントのキツネ…92
作品75　金色の尾のリス…92
作品76　大きな耳のネズミ…92
作品77　まゆとどんぐりのヒツジ…93
どんぐり大集合…94
作品78　おすましカエル…95
作品79　2匹のカエル…95
作品80　カエル合唱団…95
作品81　赤い耳のネズミ…96
■Column 森の豊かさを支える『どんぐり』…96
作品82　ナタマメの鳥…97
作品83　どんぐりの芋虫…97
作品84　どんぐり三兄弟…97
みかんで遊ぼう…99
作品85　かいじゅう…99
作品86　カニ…99
作品87　タヌキ…99
作品88　ゾウ…100
作品89　ネコ…100
作品90　カッパ…100

作品91　クマ…100
作品92　ヘビ…101
作品93　人間…101
作品94　松ぼっくりのライオン…104
作品95　松ぼっくりのタヌキ…105
作品96　松ぼっくりのクマ…105
作品97　松ぼっくりのカタツムリ…106
作品98　松ぼっくりの馬…106
■Column「エビフライ」の正体は?…106
作品99　松ぼっくりのフクロウ…107
作品100　松ぼっくりの犬…107
松ぼっくり大集合…108
作品101　どんぐりの小人…109
作品102　びっくりカメレオン…109
■辰美's VOICE グルーガンに頼りすぎるな…110
作品103　花を持ったウサギ…111
作品104　小枝の人…112
作品105　シカの群れとチビ鬼…113
■Column「内なる自然」が喜ぶ自然遊び…114
作品106　土の精霊…114
作品107　チビ鬼…114

作品108　マツヨイグサのイカ…115
作品109　コブシのザリガニ…115
作品110　ハスの実の黒ウサギ…115
作品111　タカサゴユリのキリン…117
作品112　ゴバンノアシのトカゲ…118
■辰美's VOICE 沖縄のゴバンノアシ…118
作品113　カラスの子…118
■辰美's VOICE 笑うキリの実…119
作品114　カモのひよこ…119
作品115　森のカラス…119
虫の世界…120
作品116　ゾウムシ…120
作品117　カワラハンミョウ…120
作品118　コオロギ…120
作品119　アリ…120
作品120　ダチョウの親子…121
作品121　エリマキトカゲ…122
作品122　昆虫の多様性…123
Winter album…124
あとがき…126

辰美流 自然遊びの達人になる**10**カ条

―自分だけのオリジナル作品が作れるようになるために―

1．外に出て野山を散策しよう。公園でもいいよ。
2．生き物を好きになろう。
3．木や草花を観察しよう。
4．落ちている葉っぱや木の実を手に取ってみよう。
5．気に入ったものはポケットに入れて持ち帰ろう。
　　たくさん拾いたい人は袋を準備しよう。
6．クッキーの空き箱などに分類して並べてみよう。
7．素材をつまんで形を比べ、質感の違いを味わおう。
8．それが動物の目や顔や体のどこかの部分に見えてきたら
　　組み合わせて動物を作ってみよう。
9．時々、この本をぱらぱらと見よう。じっくり読まなくてもいいよ。
10．この本で気に入った遊びを真似してみよう。

以上のことをくり返していると、いつの間にか必ず世界で一つのオリジナル作品ができるようになる。本当だよ。

春 Spring

作品:1 ツバキのお雛さま
→作り方P12 MV

あなたはいつもいばっているけれど
あなたのやさしさはお見通し

素材 ●八重咲きのツバキ「乙女椿」(女雛) ●八重咲きのヤブツバキ「紅乙女」(男雛) ●ユキヤナギの花(かんむり) ●マキの葉(えぼし、扇、しゃく)

9

春の訪れをいち早く知らせてくれる花たちで、心がほっこりするお人形を作ろう。
八重咲きのツバキのつぼみにユキヤナギやスイセンなどの草花でお飾りをすれば、おしゃれなお雛さま。
女の子が大好きな着せ替え遊びのような楽しさだよ。

お雛さま いろいろ

あんな顔、こんな顔、
みんな違う表情。

作品:2
ツバキのお姫さま
→作り方P13

八重咲きのツバキ2種類で愛らしいお姫さまに。
若草色のガク片とスギの若葉が
髪の毛に見えるよね。

素材
- 八重咲きのツバキ「乙女椿」(顔)
- 八重咲きのヤブツバキ「紅乙女」(胴体・スカート)
- スギの若葉(髪)
- サクラの花柄(手)
- ユキヤナギ(髪飾り)

作品:4
ねずみの女の子 →作り方P13

素材
- 乙女椿(顔・胴体)
- イヌマキの葉(手足)
- スギの葉(尾)

大地の上で
お日様の光を受けるしあわせ
どんな宮殿のじゅうたんより
どんな豪華なシャンデリアより…

作品:3
バレリーナ →作り方P13

素材 ●乙女椿(顔) ●ラッパスイセン(胸) ●セイヨウカナメの葉(スカート) ●ツクシ(手足)

辰美's VOICE

便利な八重咲きのツバキ
デコレーションはあなた次第。

早春に次々と花を咲かせる八重咲きのツバキ「乙女椿」は、花や葉が遊びに使えるので、家の庭や幼稚園・小学校に植えておくことをお勧めしたい。P9「ツバキのお雛さま」では、つぼみの花びらを傷つけないよう、1枚ずつそっとめくり返す。10枚ほどめくると十二単と顔ができるよ。

P11「ツバキのお姫さま」と「バレリーナ」ではつぼみのまま顔にして、緑色のガクは髪の毛に見立てる。ほほえんだ表情は、小指の爪や小枝で描ける。花びらに付けた傷が、しばらくすると酸化作用で茶色の線や点となって浮かび上がるんだ。野遊びには油性ペンなど必要ないんだよ。

冠や髪飾り、扇などに適した素材は庭や道端にいろいろある。どんなデコレーションを施すかはあなたのイマジネーション次第だ。

八重咲きのツバキ「乙女椿」

色付いたつぼみを使う

作品:**1**の作り方　ツバキのお雛さま

素材
- 八重咲きのツバキ「乙女椿」(女雛)
- 八重咲きのヤブツバキ「紅乙女」(男雛)
- ユキヤナギ(かんむり)
- マキの葉(扇、えぼし、しゃく)

① 最初にツバキのがく片を取る。つぼみの花びらを10枚程度めくり、十二単(胴体)と顔を作る。

② 残ったつぼみに小指の爪や枝で傷をつけて目と口を描く。

③ 頭に花や葉などをのせて冠やえぼしに見立てる。スイセンやタンポポをのせる場合は、つまようじで固定する。

④ 胴体にマキの葉を差し込めば扇、立てればしゃくになる。

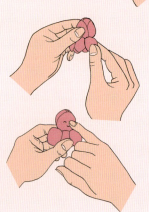

作品:2の作り方　ツバキのお姫さま

素材
- 乙女椿（顔）
- 紅乙女（首から下）
- スギの若葉（三編みの髪）
- サクラの花柄（手）
- ユキヤナギ（髪飾り）

① 乙女椿のがく片を残し、つぼみに小指の爪で口、つまようじで目を描く。

② 杉の若葉をがく片の間に挿して三つ編みの髪にする。

③ 首から下にする紅乙女のつぼみの花びらを10枚程度めくり返して、ふんわりしたドレスを作る。

④ サクラの柄を胴体に刺し、頭をつまようじで胴体に固定して完成。

作品:3の作り方　バレリーナ

素材
- 乙女椿（顔）
- ラッパスイセン（胸）
- セイヨウカナメの葉（スカート）
- ツクシ（手足）

① 乙女椿のがく片を残して、つぼみに小指の爪で目と口を描く。

② 胴体のラッパスイセンの下に、セイヨウカナメの葉を並べてスカートに見立てる。

③ 手足になる、はかまを取ったツクシを置く。

④ 顔にする乙女椿につまようじや串を刺して、胴体に固定する。

作品:4の作り方　ねずみの女の子

素材
- 乙女椿（顔・胴）
- イヌマキの葉（手足）
- スギの葉（尾）

① 乙女椿のがく片を取って、つぼみの花びらを2枚めくり上げて耳にする。

② 胴体の作り方は作品2と同じ。つまようじで顔と胴をつなげる。

③ イヌマキの葉で手足、杉の葉で尻尾を作る。

13

ほんの少し、手を加えるだけで
まるでアニメーションの世界のように
花や草木が語り始めるよ。

> 素材
> ●ウメやモモ、キンカンの実（赤ちゃんの顔）
> ●オオバギボウシの若い葉（おくるみ）

作品:5

おくるみ赤ちゃん

ウメやモモ、キンカンの実をギボウシの若葉に挟んだだけで
かわいらしい赤ちゃんに。目と口を作れば、いいお顔になるよ。

春だよ
春だよ
おくるみにくるまっていないで
出ておいで

ラッパスイセンなど多くの花が、ナンテンやジャノヒゲなどの実を目として添えるだけで顔に見えてくるよ。生きている植物にちょっと手を加えただけで、ディズニーアニメの世界のように、花や草が動物のように歌い始めたり、物語を聴かせてくれたりする。

作品：7 歌うラッパスイセン

素材
● ラッパスイセン(顔)
● ジャノヒゲやナンテンの実(目)

ねぇ、みんな一緒に歌おうよ！

マムシグサのおじさん 作品：6

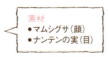

素材
● マムシグサ(顔)
● ナンテンの実(目)

マムシグサはテンナンショウの仲間。
昔の人も、この花の形をヘビの顔に見立てて付けた名前かもしれないね。

15

そっちじゃないよ、こっちだよ
お空じゃないよ、地面だよ
どっちだよ、春が来るのは

作品:8
ヤナギの芽のペンギン
→作り方P17

ヤナギの新芽が、春を迎えてふくらみ始めた。
さやをかぶった白い芽は、体を左右に揺らせてよちよち歩くペンギンの行列のよう。
そこで、表情豊かなペンギンにしてみたよ。

16　素材 ●アカメヤナギの芽(さやが頭、白い芽が胴体) ●メロンの種(手と足) ●アワまたはヒエ(目)

| 作品：8の作り方 | ヤナギの芽のペンギン |

素材
- アカメヤナギの芽（さやが頭、白い芽が胴体）
- メロンの種（手と足）
- アワまたはヒエ（目）

① ヤナギの新芽を取って、さやを一旦はずす。はずすと綿毛がふくらんで大きくなる。

② さやの向きを変えて木工用ボンドで付ける。

③ 八の字に置いたメロンの種を手と足、アワを目としてつまようじの先を使ってボンドで付ける。アワに油性ペンで黒目を入れる。

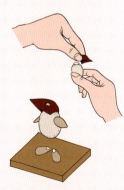

お母さん、早く戻ってこないかな

| 作品：9 | 綿毛の巣 |

素材
- ヤナギ類の新芽（胴体）
- クローブ（頭）
- アワ（目）

| 作品：10 | 綿毛の赤ちゃん |

生まれたばかりの赤ちゃんは真っ白でかわいいね。

素材
- ヤナギの新芽（胴体）
- ミカンの種（頭）
- アワ（目）

タンポポ遊び！

里に咲き競うタンポポは、昔から子どもたちにたくさんの遊びを与えてくれた。

あれ、飛ばないよ / 息をすぼめて… / あ、飛んだ

素材
- 結実して白くふくらんだタンポポ

タンポポの種とばし

作品：11　鼓・風車（つづみ）

素材
- タンポポの花の茎

作品：12　いりたまご

素材
- タンポポなどの花びら
- ツバキの葉（皿）

作品：13　ぜんまい

素材
- タンポポの花の茎

辰美's VOICE
素材のキャラクターを活かして遊ぼう！

　草花を使った遊びは、その植物ならではの特徴を活かしている。だから遊びを通して、草花の個性や不思議を知ることができるんだ。

　息をすぼめてタンポポの種を飛ばすだけでも楽しい遊びになる。「一息で飛ばせるかな？」の一言で、子どもは夢中になって挑戦する。種は風に乗って遠くまで運ばれ、子孫を残すんだね。

　茎の縁に切れ目を入れて水につけると、見る間にぐぐぐと茎が反りかえり、P18「鼓」のようなおもしろい形になる。鼓は握る強さでタンタンッ、ポンポンッと音程が変えられる太鼓。タンポポという楽しい響きを持つ名前は、この遊びから付いたという説があるんだ。鼓の筒にエノコログサ（ねこじゃらし）の茎や松葉などを通して息を吹きかけると、よく回る風車になるよ。

　切れ目を二つ深くすればP18「ぜんまい」に。昔のおもちゃにはよく付いていたけれど、今は電池で動く物ばかりなので、ぜんまいを知っている子はもういないかな。

　黄色い花びらを千切って、葉っぱのお皿に盛れば「いりたまご」になる。筒状の茎は「笛」にも「シャボン玉のストロー」にもなる。

　また、茎の切り口から出る白い乳液は、アラビヤゴムに似た成分で粘着性があるんだ。この液でツバキの葉に文字を書くと、乾いて透明になるけど、しばらくたつと砂絵のように土ぼこりが付いて文字が浮かび上がり、秘密の手紙ごっこができる。

　どの遊びも植物の性質やキャラクターをうまく活用しているんだね。

指輪
茎を2つに裂いて両端を結ぶ。

ブレスレット（時計）
長い茎を腕にまわして花の付け根にからめる。

シャボン玉のストロー
茎の先を水につけて反らせておくと、シャボン玉液がつきやすい。

はんこ遊び
茎の切り口から出る乳液で、きれいな円が打てる。

笛
茎のはしを歯で軽くかんでつぶし、口に深く入れて吹くと、ブーという楽しい音が出る。太さや長さで音程が変わるよ。

首ちょんぱ
花の咲いているタンポポの茎を持った2人が、花をぶつけ合って勝負。花がもげた方が負けだよ。

作品:14

タンポポの女王

素材 ●タンポポの全草(根っこが顔・葉っぱが身体)●春の花(髪)

タンポポを花から根っこまで使うと人形ができる。
茎で葉っぱをぎゅっと束ねてウエストに。
手は花を持つ短い茎、足は開花後の長い茎で作るよ。
右の写真では、手足をツクシに。頭の花は何でもOK。

Column

タンポポの不思議

　タンポポの花は朝寝坊で、8時を過ぎないと開き始めないし、夕方には花を閉じて深い眠りにつく。これは花粉を運んでくれるハチやチョウの活動時間に合わせて花を咲かせ、それ以外は閉じて身を守っているから。雨の日には昼でも花は固く閉じられている。

　実はもっと不思議なことがある。根元から出たつぼみは10cm以上に伸びてから開花し、さらに結実(種を結ぶこと)まで茎がぐんぐん伸びる。花は虫に気付いてもらうため、種は風をつかむために、高さが欲しいんだね。特に興味深いのは、花が咲き終わって種が育つまでの10日間ほど、茎が地面に伏していて、結実する直前に再び起き上がること。これなら強い風などで折れる心配がないよね。かしこいね!

開花後、寝る

種ができると起きる

次から次へといろいろな虫がやってくる。
まるで、タンポポレストラン

| 作品:15 | イタドリの巻きずし |

今日のおままごとのごちそうは色鮮やかな「巻きずし」。
柿などの大きな葉っぱのお皿に盛り付けて、
ツバキの赤い花びらを紅ショウガとして添えようか。

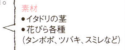

素材
- イタドリの茎
- 花びら各種(タンポポ、ツバキ、スミレなど)

イタドリ

里山や土手に群生して、子どもの背丈以上に育つタデ科の植物。赤い斑点のある茎は中が空洞で、昔の子どもは春先におやつとしてよく折ってしゃぶった。折るとポコッという音がして酸っぱいので、「すかんぽ」って呼んでたよ。

| 作品:15の作り方 | イタドリの巻きずし |

素材
- イタドリの茎
- 花びら各種

① 5cmほどのイタドリの筒状の茎に、花びらをくるくると巻いて入れる。

② ナイフやカッターで厚さ1cmほどの輪切りにする。

③ 葉っぱのお皿にのせて召し上がれ。

葉っぱの遊び 春編

赤や黄色に色づいた落ち葉は、秋にしか手に入らないわけではないよ。
春に黄葉（こうよう）するビワの葉（写真右）を使って動物を作ろう。

楽しくてうれしくて
ジャンプしたい気持ち

作品:16 踊るウサギ　素材 ●ビワの葉
→作り方P24 MV

どうして泣いてるの？
迷子になったの？
それとも誰かに嫌われたの？

作品:17 泣いたキツネ　素材 ●ビワの葉
→作り方P24 MV

作品:18 動物の顔いろいろ

葉っぱは一年中、手に入る自然素材。常緑樹のツバキの葉で動物の顔を作りましょう。

辰美's VOICE

指を使って葉っぱと触れ合おう！

葉っぱを動物に変えるのは簡単だよ。目を作れば顔になる。2つの丸い穴を並べれば正面を向いた動物になるし、1つなら横向きだね。動物の種類は耳や顔の輪郭で表現できる。難しく考えないで、やってごらん。いろいろな動物ができるよ。

作品：**19**

顔の早変わり

＜イヌの鼻にハサミを入れて鼻をのばすとゾウになるよ＞

ウルトラマンじゃないよ　⇒　ウサギだね　⇒　イヌかな　⇒　ゾウさんでした

作品：**16** の作り方

踊るウサギ

素材 ●ビワの葉1枚

① 葉っぱを縦に折って、図のように斜線の所を切り取り、実線の所に切り込みを入れる（ハサミでなく指や爪で切ってもOK）。

② 葉を広げて、Aの所を折って、太い葉脈を葉っぱに刺す。

③ 片足を折り曲げて、固定する。

太い葉脈を胸に刺して固定

作品：**17** の作り方

泣いたキツネ

素材 ●ビワの葉1枚

① 葉っぱを縦に折って、図のように斜線の所を切り取る（ハサミでなく指ですこしずつ切ってもOK）。

② 葉を広げて、Aの所を折って、手の部分で顔をおさえる。

③ しっぽを後ろに折って、座るようにする。

シダを使った野の玩具

部屋の中に一人でいないで
外に出ようよ。
自然は不思議や遊びに満ちている。
飾っておくだけのクラフトじゃなく、
おもちゃのように遊べるよ。

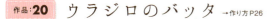

作品:20　ウラジロのバッタ →作り方P26

3本の枝の付け根をギュッとおさえ、手を放すとジャンプ！
上手になれば1mは跳ぶぞ！

作品:21　ウラジロのトンビ →作り方P26

力任せに投げてもだめだよ
風を感じて、大きな翼を風に乗せるんだ

作品：20の作り方
ウラジロのバッタ

素材 ●ウラジロ

① 葉の緑の部分を一部を残して指でしごいて取る。

② 3本の軸を10〜20cmほどの長さで切る。

③ 飛ばしながら軸の長さを調整。付け根の2枚の小葉を羽として残しても良い。春先の、伸び始めた新芽を残せばP27の馬になる。

作品：21の作り方
ウラジロのトンビ

素材 ●ウラジロ

① きれいな形のウラジロを選ぶ。

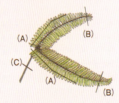

② 前に垂れた葉っぱ(A)は切り揃えて翼の前面を作る。

〈翼の断面図〉

③ 2枚の翼の柔らかな先の部分(B)を切る。

④ 軸(C)を徐々に短くしてバランスをとる。

作品：22

びっくり目の顔

シダ類はくるくる渦を巻いて楽しいね

素材
● シダ類の新芽（飛び出した目）
● キヅタの葉（顔）

作品：23

カタツムリ

シダ類の芽生えはみずみずしいカタツムリ

素材
● シダ類の新芽

作品：24

食べられた魚

がいこつみたいな葉っぱもあるよ

素材
● シダ類の葉（骨の部分）
● 木の葉（頭と尾びれ）
● ムクロジ（目）

26

駆けろ、駆けろ
大地を蹴って

作品:25 ウラジロの馬
素材
●ウラジロ

春先に2枚の葉の間から渦巻いた新芽が伸びてくるウラジロ。葉の太い軸だけ残すと野を駆ける馬のよう。

Column

里山のシダで素朴なおもちゃ作り

　ウラジロとコシダは、日本中の多くの里山で見ることのできるシダ類の代表的な種類だ。ウラジロはお正月に飾るしめ縄や鏡餅に添えられるシダで、葉裏が白いのが特徴。コシダは昔、カゴなどのシダ細工によく使われていたようだ。漆（うるし）を塗ったような艶やかで固い素材だけど、ろうそくなどで温めると簡単に曲げることもできるんだ。

コシダの芯には、ゴムのように弾力のある筋（維管束）がある。筋を引っ張り出して、弓を作ろう。コシダの細い枝で作った矢がよく飛ぶよ。

作品:26 コシダの弓矢
素材
●コシダの枝（弓と矢）

1本のコシダから、弓も矢も作れる

27

Spring album

1枚の葉が次々と動物に変身するよ！

まず目の穴をあけて……

夏 Summer

作品:27 シュロのバッタ

→作り方P36

虫、むし、むし
むし、むし、虫
みずみずしい緑からボクらは生まれた
青々とした草むらがボクらのおうち
夏の大地は命であふれている

素材 ●シュロの小葉約1枚
（写真は2匹ともトノサマバッタ）

殻の中に
どんな大切なものをしまっているの?
それは自分よ

作品:28

シュロのカタツムリ

→作り方P38 MV

同じ一定の折り方をくり返すことで、
らせんを描いたカタツムリの殻を編むことができる。
ムラの出ない折り方をして、きれいに編んでみよう。

素材
● シュロの小葉約1枚

細長い葉っぱの遊び

単子葉植物の葉は細長くて平行脈。葉の真ん中にかたい軸があって、折れにくくなっている。シュロの葉だけじゃなく、ススキやスゲ、カヤツリグサ、イネだってそう。どれも編み上げればバッタやカタツムリなどになるんだよ。

肉厚で乾いても縮んだり、丸まったりしにくいシュロの作品は、長く飾ることもできるよ。

小さい頃から狩りをして生きてきた
誰にも頼らずひとりで生きてきた

作品:29 **シュロのカマキリ**

素材
・シュロの小葉約1枚

カマキリは上級者向けだよ。
まずはカタツムリやバッタの作り方を練習して、シュロを編む基本と力加減を習熟すれば、その応用編として作れるようになるよ。

シュロの
手長エビ

素材 ●シュロの小葉 ザリガニ2枚 手長エビ1枚

作品:30 シュロの ザリガニと手長エビ

バッタ作りをマスターすれば、
ザリガニや手長エビだって簡単に作れるよ。

素材 ●シュロの小葉10枚

作品:31 シュロの 龍

バッタ作りを極め尽くせば、
さらに上級者向けの龍も作れるようになるかな。

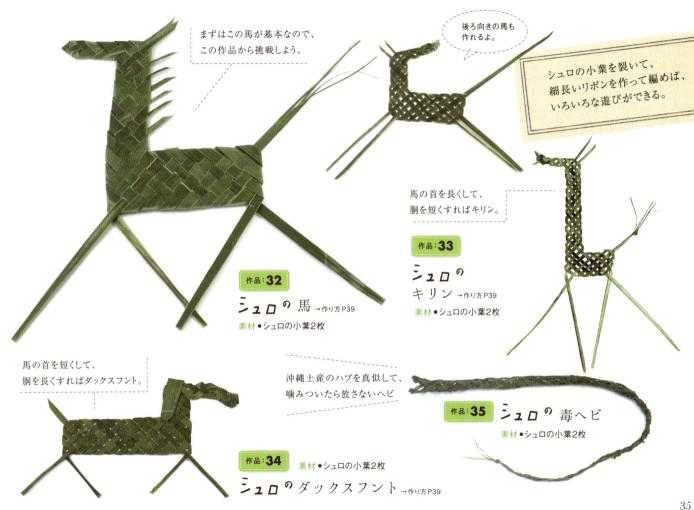

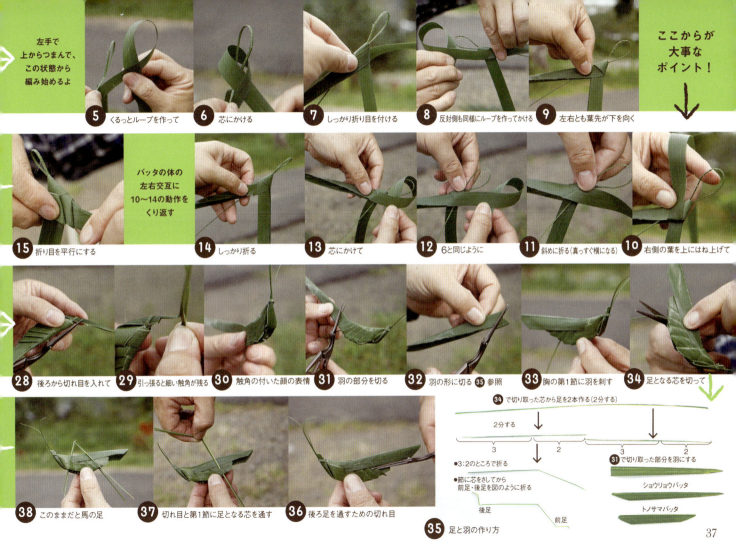

辰美's VOICE

南国の植物シュロが本州でも増えている！

シュロ（棕櫚）は里の暮らしになくてはならない有用植物だった。繊維状の樹皮はシュロ縄やシュロぼうきなど人々の暮らしの中で昔から使われた。葉の部分も、七夕の短冊を笹の葉につけるこより紐の代わりやハエたたきとして役に立った。

そこで、九州や台湾・中国など南の国から本州各地に持ち込まれ、大切に育てられたものだ。今では地球温暖化やヒートアイランド現象によって、東京をはじめ都市部の公園などでも自生するようになった。温暖な気候で成熟した実をカラスなどが食べて種を落とすんだね。この肉厚でしなやかな葉っぱを使ってクラフト遊びを楽しもう。

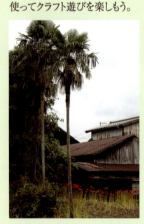

作品:29の作り方　シュロのカタツムリ　素材●シュロの小葉約1枚

同じ動作をくり返して造形する「編む」という技をマスターしよう。世界中の女性が愛する子どもや男のために、毛糸でマフラーやセーターなどを編んだ。カタツムリも細長い葉を編み上げることでできる。コツは同じ調子（角度）や力加減で行うこと。

① 小葉を15cmほど残して先から裂いて、芯を抜く。上の葉の部分を45度斜めに折る（向こう側に）。

② 上に出ている葉を45度斜めに折る（向こう側に）。

③ 上の葉を折りこむのを繰り返す。

④ 元の葉の手前側で③の動作を繰り返す。

⑤ 中心まで螺旋ができたら、残った葉は切る。

⑥ 点線の所で葉を折り上げてらせんの下に挟み込む。体の先に切れ目を入れて、目を起こして完成。

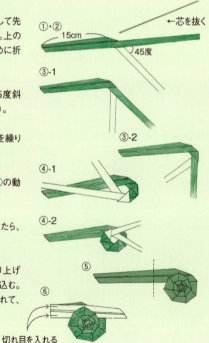

作品:**32**の作り方　シュロの馬　　素材 ●シュロの小葉2枚

これも「編む」技を使うよ。5本のリボン（1枚の小葉から4本取れる）が材料。作り方の基本を手順通りに素直にくり返してマスターした後で、編む回数を変化させて、首を長くすればキリン、胴を長くすればダックスフントになる。自分の好きな長さでオリジナル作品に挑戦してみよう。

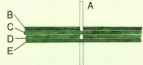

①5本のリボン（A～E）を図のように並べる。

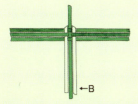

②Bを直角に折って、A（尻尾）の両側に並ぶようにする。

③Cを直角に折って、Bの横に並ぶようにする。（DとEは後足）。

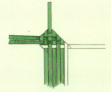

④Eの横でCを直角に折る（4本のリボンの間を互い違いに通す）。

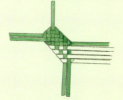

⑤④と同様に4本のリボンを折る（DとEの先は前足）。

⑥前足Eの横でCを直角に折る。

⑦⑥と同様に4本のリボンを折る。

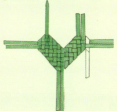

⑧2本を耳にして、残りの3本を編む。

⑨口の所で絡めて止める。

⑩足や耳や口など適当な長さに切る。

39

→作り方P43　作品:36

笑うヒマワリ

背伸びしてお日様に顔を向ける大輪のヒマワリ
花びら揺らす風はいつも穏やかとは限らない
冷たい雨に頬を濡らすことも、
怒りに震えることだってあるさ
今日のヒマワリはどんな表情かな

素材●生きているヒマワリ

ヒマワリ大集合 泣いたり・笑ったり・怒ったり…。顔のバリエーション

作品:37

ミニヒマワリ作品4点
→作り方P43

ほかの花や葉っぱをさして、ミニヒマワリでも顔が作れるよ。
作品は生きているから、ハチが蜜を吸いに来たよ。

> 素材
> ・生きているヒマワリ
> ・形や大きさのそろった花やつぼみ(目)
> ・ケイトウの花など(口)

> 素材
> ・ミニヒマワリ(頭)
> ・ケイトウ(胴体・足)
> ・ヨウシュヤマゴボウの実(目)

作品:38

ミニヒマワリの ぞうさん
→作り方P43

辰美's VOICE
生きている花で作る

黄色い花びら(舌状花)で囲まれた茶色の部分をよく見ると、小さな花(筒状花)がたくさん並んでいるよ。ここにハチやチョウがやって来て受粉すると、種が膨らんでくる。その頃には、小さな花は簡単に落とすことができるので、花に爪や棒を使って目や口を描いてみよう。花が実を結んで頭を下げ始めたら、この遊びのタイミング。通りすがりの子どもがヒマワリの顔に気づいてびっくりする様子がおもしろい。

種が十分に育ってない場合やミニヒマワリには、中央に他の花や葉をさして顔を作ってみよう。生きている花がいろんな表情を持つようになる楽しい遊びだよ。

作品：**36**の作り方
笑うヒマワリ

①花に手が届くように三脚や踏み台などを準備する。

②棒や爪で小さな花を削り落として目や口を描けば出来上がり。

作品：**37**の作り方
ミニヒマワリ作品4点

①形や大きさのそろったキクなどの花やつぼみを2つ用意して目にする。

②ケイトウの花を使って口にする。

作品：**38**の作り方
ミニヒマワリのぞうさん

素材
- ミニヒマワリ(頭)
- ケイトウ(胴体・足)
- ヨウシュヤマゴボウの実(目)

> 花を組み合わせて固定するのにはつまようじを利用するよ

①大きいケイトウに足になる小さなケイトウを付ける。

②ミニヒマワリの花を茎10cm(鼻)を付けて切る。それを顔に見立てて、ヨウシュヤマゴボウの実を目として付ける。

③ミニヒマワリ(顔)とケイトウ(胴体)をつまようじで固定して出来上がり。

作品:39

ピンクの
ナデシコの妖精

→作り方 P45

アンデルセンの親指姫のような、
花から生まれた可憐な人形たち。

スカートのすそをゆらすのは誰？
いたずらな南風
いいえ、私の冒険心

素材
- カワラナデシコ（帽子）
- 大根の果実（顔）
- ペチュニア（胴体・ワンピース）
- オニユリの雄しべ（足）

44

作品:**39**の作り方

ピンクの
ナデシコの妖精

素材
- カワラナデシコ(帽子)
- 大根の果実(顔)
- ペチュニア(胴体・ワンピース)
- オニユリの雄しべ(足)

この季節はスカートや帽子になる鮮やかな花がたくさん。
美しい妖精を生み出す魔法は、あなたのイマジネーションと遊び心。

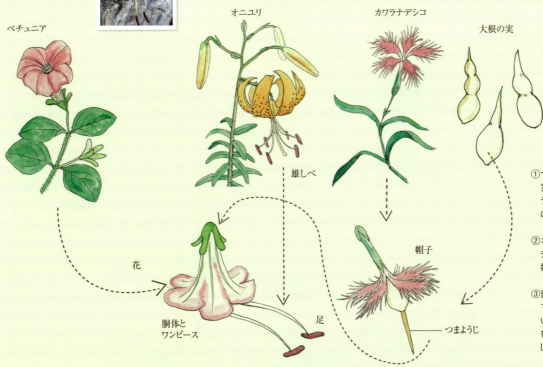

①つまようじを刺した大根の果実(種の入ったさや)にカワラナデシコの花をのせて頭の部分を作る。

②オニユリの雄しべ2本をペチュニアの花の下に置くと、妖精の身体ができあがり。

③頭をペチュニアの上に付けて完成。①のつまようじを長いものにすれば、ペチュニアを貫いて人形全体を地面にしっかり固定できる。

葉っぱの遊び 夏編

冬は丸坊主になってしまう落葉樹も、夏はみずみずしい葉をたくさん付けている。夏は森も草地も緑にあふれているね。いくらでも手に入る素材・葉っぱで造形遊びをしてみよう。表と裏で色の違う葉っぱを活かした作品だよ。

作品:41 ツバキの葉のおぞうり

同じ大きさの葉っぱを使って、おぞうりを作ろう！小っちゃいとなんて可愛いんだろう。ミカンやサカキなどの葉でも作れるよ。

① 主脈に沿って半分に折る。

① しなやかなアオキの葉っぱを用意する。

④ 円錐の部分を軽く平らに押さえて三角を作り、上へ折り返してざるの縁の部分に挟み込む。

② 写真のように切れ目を入れる（手で切る場合は利き手の親指と人差し指の指先と爪を使って切る）。

② 葉の中央の葉脈に平行に、葉を折り返す。

⑤ 左右の角を立てて、ざるの形に整える。ざるの先が上下に開いてしまう場合は、葉柄を重ねた葉に差し込む。

③ 葉先の方に親指の爪で切れ目を入れる。

③ 葉の両端を重ねる（左右共に表を上にする）。

作品:40 アオキの葉のざる・お皿

④ 鼻緒を起こして、葉柄を③で入れた切れ目に差し込んで出来上がり。

原色のプラスチック製のおままごとセットがなくても器が作れるよ。野イチゴを盛ったり、お茶の実や花を摘んで入れよう。

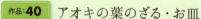

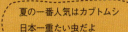
男の子が大好きなクワガタを作ろう
やっぱ、オオクワガタがかっこいい

夏の一番人気はカブトムシ
日本一重たい虫だよ

作品:**42** クワガタ

作品:**43** カブトムシ

作品:**44** カッパとチョウ

カッパは輪に切った髪の毛を頭にかぶせただけ。チョウは4枚の葉を使いたくなるけど、一枚の葉でもできたよ。

夏に現れて怖いのは昔からゆうれいだったね。

ゆうれい

作品:**45**

作品:**42・43・45**の作り方　ツバキなど普通の形(紡錘型)の葉っぱを二つ折りにして、下の図の実線に沿ってハサミで切り、点線の所で、葉っぱを折る。
失敗しても大丈夫。葉っぱは使いきれないほどあるから。

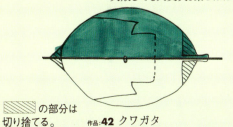

////の部分は切り捨てる。

作品:**42** クワガタ　　　　作品:**43** カブトムシ　　　　作品:**45** ゆうれい

47

|作品:46|
カラムシのフクロウ
→作り方P50
いろんな顔を作って服にくっつけて遊ぼう!

●素材
・カラムシの葉(大・小)

●素材
・クズの葉(羽)
・ビワの枝先(胴体と触角)

|作品:47|
クズの蝶
→作り方P50

|作品:48|
不思議な模様の葉っぱ
→作り方P50

白い葉裏になぞの幾何学模様。
線を描いたのは虫かな？
葉っぱ自身？
それとも…？

●素材
・クズの葉

青々と瑞々しい1枚の葉っぱが
躍動する動物になる。
まるで手品のようだね。

作品:49

プラタナスの鳥
→作り方P51

大きい鳥が
できた〜！

作品:53　ねこじゃらしのウサギ
（エノコログサ）
→作り方P51

素材
●エノコログサ
（全身）

素材
●枝付きのハスの実
（頭と胴体）
●ハスの種（目）
●葉（耳）

作品:50
ハスのゾウ

素材・カンゾウの葉20枚

作品:51
カンゾウの馬
→作り方P51

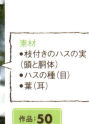

作品:52
メヒシバの蝶
→作り方P51

素材
●メヒシバ（羽）
●エノコログサ（胴体）

作品:46の作り方　カラムシのフクロウ（1枚の葉で作る場合）

葉裏の真っ白な葉を選んで作ろう

折り目
切る

①図のように葉の縁に切り込みを入れる。
②目の丸い穴はその部分の葉を折って、爪で切り取る。
③点線の所で葉を折り返せば出来上がり。

若い小さな葉で目とくちばしを作ることも、羽を付けることもできるよ！

ワッペンのように服にくっつくよ！

クズの葉は3つの小葉からできている。柄の近くの2つの葉が蝶になり、先端の丸い葉は不思議な模様の葉っぱに使うよ。

作品:47の作り方　クズの蝶

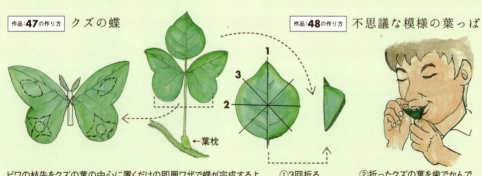

葉枕

ビワの枝先をクズの葉の中心に置くだけの即興ワザで蝶が完成するよ。羽に模様をつけたければ作品48を参照してね。

作品:48の作り方　不思議な模様の葉っぱ

①3回折る。

②折ったクズの葉を歯でかんで模様をつける。

③葉を開くとおもしろい模様が現れる。

50

作品:49の作り方　プラタナスの鳩

①プラタナスの葉を1枚用意する。葉っぱを縦に折って

②ハサミで写真のように切れ目を入れた後、白線の部分を切り取る。

切り取る

羽になる部分の葉脈を切ってしまうと羽ばたかないので注意しよう。

③葉の裏面を上にして広げ、柄を下の切れ目に上から通し、柄ごとクルッとひっくり返す。

④左右の羽を合わせて折り、千羽鶴の要領で顔を作れば完成。

作品:51の作り方　カンゾウの馬　素材●カンゾウの葉20枚

①切り取った葉の付け根を頭にして、首、足となるカンゾウを掛ける。

②③たてがみを5、6本作る。クローバーの花輪と同じ要領で茎をからめ、固めに編み上げる。

④足になる葉以外は後ろにはねる。

⑤残った葉を胴に巻き、しっかり立つように足の長さを調整する。

作品:52の作り方　メヒシバの蝶

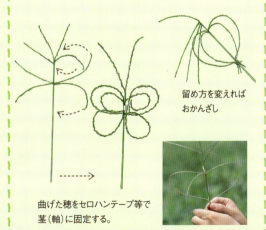

留め方を変えればおかんざし

曲げた穂をセロハンテープ等で茎(軸)に固定する。

作品:53の作り方　ねこじゃらしのウサギ

8本のエノコログサの穂(茎付き)を使って作る。
3つのパーツを合体させれば完成
(セロハンテープで固定)

51

Summer album

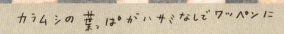

カラムシの葉っぱがハサミなしでワッペンに

作品づくりにあると便利な道具

木の実などの自然素材を使ってクラフトを楽しむためにそろえたい道具を紹介。
この他に素材や道具を整理してストックするケースがあると便利だよ（クッキーの箱でもOK）。

1 作業台

学習机の半分くらいのスペースは欲しい。できればカッティングボードや段ボールを敷いておくと机を傷めない（新聞紙を敷いておくだけでもよい）。
片付けが楽になるので場所を決めておくといい。

2 グルーガンとホットメルト

通称ホットボンド。ガンのトリガー（引き金）を引くと、電気の熱で溶けた接着剤が先端から出る。20秒ほどで冷えて固まる。どんぐり同士が簡単に接着できる優れもので、ぜひ手元に置きたい。ただし、糸を引くことや、木工用ボンドと比べると、接着力が弱いなどの弱点もある。

3 木工用ボンド

つまようじの先に付けて使うと、細かい所や小さな木の実を確実に接着できる。乾燥に数時間かかるので、動かないように固定する必要がある。グルーガンと組み合わせると、手早く確実に接着できる。

4 はさみ

刃先の丈夫なはさみが長持ちする。
固い物には剪定ばさみやニッパーを使う。

5 切り出しナイフ

枝を切ったり、実を分けたりする時に使う。カッターでもよい。

6 ピンセット

目を表現するための小さな実を扱う時に、あると便利。

7 キリ（四つ目ギリ、ハンドドリル）

実に穴を開けて、つまようじや竹串を刺してしっかり固定する時などに使う。

8 その他

モール、針金（銅線や色紙を巻いたフローラルワイヤーが使いやすい）、ニッパー、白・黒の油性ペン（目を描くのに便利、できるだけ使わない）、実をつなぐ時に使う串やつまようじ

秋 Autumn

日本からオオカミが消えて100年
シカやイノシシから美しく豊かな森林・農地を誰が守るのか
バランスを失った野生鳥獣によって、国まさに荒れなんとす
オオカミよ、今一度、野山を駆けろ
吠えろ、野生の雄叫び

作品:54　ススキのオオカミ

→作り方P60

素材 ●ススキの穂（頭から尻尾まで）●ホウノキの葉柄（足）●サツキの葉（耳）

作品:55 →作り方P61
ススキのドレス人形

素材
- ススキの穂(ドレス)
- ススキの穂の三つ編み(手)
- ススキの柄(足)
- 唐辛子やコブシのさや(くつ)
- サクランボの種(ネックレス)
- ヤナギの新芽(ボタン)

ススキは日本のどこにでもある馴染みの植物なのに、ススキで遊んだことのある人は少ない。ススキのフクロウは知っていても、作るのは大変だよ。まずはオオカミや人形など、簡単な遊び方を覚えてやってごらん。

ススキの穂を使って、リカちゃんのようなお人形が簡単にできるよ。頭と顔の素材は、どんぐりなどお好みで(P61参照)

素材
- ススキの穂(ドレス)
- ススキの穂の三つ編み(手)
- ススキの柄(足)
- コブシの新芽のさや(くつ)

家族や仲間を大切にするオオカミの群れ
オオカミは人と共生できるという

素材 ●アシの穂〈頭から尻尾まで〉●ホウノキの葉柄（足）●サツキの葉（耳）

作品:56 アシのオオカミの群れ

ススキより穂が大きくて色の濃いアシを使った作品。
ポーズを変えてたくさん作ると群れらしくなるよ。

伝統的工芸品として伝えられているもの。上級者向き

作品:57 ススキのフクロウ

素材
- ススキの穂約10本
- どんぐりの殻斗（目）
- 木の葉（羽）

昔の子どもはススキの葉で互いの葉を切り合う遊びをした

作品:58 ススキの切りっこ（かみそり遊び）

素材
- ススキの葉

ススキのオオカミ

作品：54の作り方

素材 ●ススキの穂（頭から尾まで）
●ホウノキの葉柄（足）●サツキの葉（耳）

①2本のススキの穂を付け根で揃える。

⑤余分な茎を切り落とす。

②付け根から5cmの所をモールで束ねる。

⑥足になる枝などを穂の束に刺す。

③上の穂をつまみ上げて目を作る。

⑦耳になる小さな葉を2枚刺して完成。

④胴体と尾の境をモールで束ねる。

足にはホウノキ、コブシなどの葉柄を使うと表情が出る。

辰美's VOICE

ススキは危ない!?

　ススキの葉で指先を切った経験のある人は多い。葉の縁をルーペで拡大して見るとガラス質の鋭い歯がのこぎりのように並んでいる。不用意に葉を引っ張るとこの歯が肉に食い込み、鋭利な刃物で切ったような傷になるよ。「だからススキには触れてはいけない」というのではなく、ススキの扱い方を覚えて大いに遊ぼう。

　葉を切るときの基本は、親指と人差し指の先でしっかり葉をつまむこと。手首のスナップをきかせてひねれば簡単にちぎれる。「摘む」という動作だよ。P59の「ススキの切りっこ」（かみそり遊び）を作ることは摘む練習になるよ。かみそりの柄を短くすると、おままごとに使う「包丁」になる。こうして遊びの世界は広がっていくんだね。

ススキの葉のかみそり

ススキの葉の包丁

作品:**55**の作り方

ススキのドレス人形

①大きな穂のススキを2本用意する。

②穂の付け根をモールで2～3か所留め、少しずつ折り曲げる。

③穂を束ねてモールで茎に留めて、ウエストを作る。

④ドレスの裾を切り揃え、穂の三つ編みの腕と顔を付けた茎をモールで軸に留める。唐辛子のくつを履かせて完成。

素材
- ススキの穂
- 好みの顔(下を参照)
- 唐辛子(くつ)

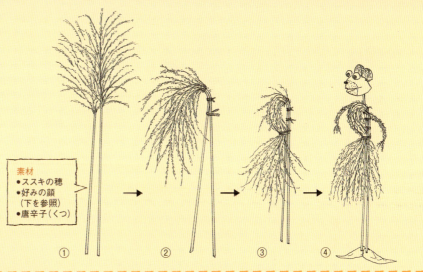

顔のいろいろ

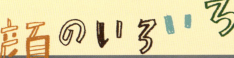

木の実などの素材を木工用ボンドやグルーガンで接着して、好きな顔を作ってみよう。

リス
マテバシイ(顔)
コナラ・ヌバタマ(目)
キンエノコロ(耳)

カエル
栗(顔)
コナラ・ヌバタマ(目)

キツネ
ユリ(顔)
ナンキンハゼやジュズダマ(目)

カエル
クルミ(顔)
うずら豆(目)

クマ
栗(顔)
ブラシノキ(目)
コナラ(耳)

キツネ

イヌ(ブルドッグ)
栗(顔)
柿(耳)
ジュズダマ(目)

カエル

クマ
アブラギリ(顔)ミズナラ(鼻)
アラカシ(目)フジ(耳)

イヌ(プードル)
コナラ(顔)
アラカシ(目)
コブシ(耳)

ウサギ
ハナショウブ(顔)
野バラ(目)
キンエノコロ(耳)

作品:59 柿の葉人形（お姫さまとお殿さま）→作り方P65

葉っぱは役割を終えると、鮮やかな色を身にまとう
はらはらと散り落ちる姿を飾る哀しい死に装束か
それとも、大地に同化し豊饒な土壌となる祝いの衣装か

素材 ●柿の葉（お姫さま8枚・お殿さま7枚）

柿の葉の美しさは紅葉・黄葉するたくさんの落葉樹の中でも格別。
お着物を仕立てる反物のような個性豊かな色模様で、和服が似合うね。

お着物も髪型も、好みの葉っぱで自由自在。色のグラデーションを楽しもう。

つまようじの代わりに小枝を差せば、立派な刀に見える。

63

作品:60
立ち姿のお姫さま

素材 ●柿の葉7枚

立ち姿のお姫さまのバリエーション

Column

● **わくらばの魅力**

　1枚の柿の葉をじっくり見てごらん。たくさんの色や模様が見つかるよ。鮮やかな赤の中に緑や紫色の斑点が散りばめられていたり、さらに斑点の中心が黄色だったりする。だれがこの模様を描いたんだろう。

　柿の葉は、春に天ぷらにして食べるほど。いい香りがして灰汁（あく）もない安心な食材。「柿の葉寿司」という名物もあるほどだ。だから、虫たちが放っておかない。夏にむしゃむしゃ葉をかじったり、ちゅうちゅう汁を吸ったんだ。その跡が模様となって残っているんだよ。昔の人はこの美しい葉っぱを「わくらば（病葉）」って呼んだ。昔の傷が美しい模様になって残るなんて素敵だね。

作品:59の作り方 　柿の葉人形〈お姫さま〉　　　〈お殿さま〉

①写真のように葉を折って顔を作る。

②顎のラインをハサミで切り、肩を後ろに折り込む。

③そこに縦に折った葉っぱを順に重ねて着せていく。

④葉を着せる度にホチキスで留めるとずれなくなる。

⑤帯を巻き、髪の毛(おすべらかし)にする葉を決めたら、1本のつまようじで全体を留める。

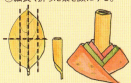

①細長く折った葉を顔にする。

②2〜3枚の葉を着せる。

③裃(かみしも)になる葉を二つ折りして、T字に切れ目を入れて三角の穴を開く。

④三角の穴から顔を出して、ハサミを入れて脇を折る。

⑤袴となる葉を二つ折りして上半身を挟みこみ、刀(小枝やつまようじなど)を差して固定。

辰美's VOICE　秘かに使おう！便利道具

「野遊びだから器用さと知恵で勝負だ！」って言いたいけれど、便利道具があれば、誰にでも簡単に作れ、出来栄えも素晴らしくなる。こっそり使えばみんなを驚かすことができるよ。

☐ ホチキス

　葉っぱ遊びの秘密道具。「柿の葉人形」はつまようじ1本で留めているところがすごいけれど、形がゆがんでしまうことが多い。そこで、見えないところでホチキスを打って留めると、きれいに仕上がるよ。(左のお姫さまの作り方の④)。

☐ つまようじ

　おだんごのように突き刺して使う。お花を組み合わせたり、傷を付けたりするほか「柿の葉人形」の帯留めや刀として使うと便利。

☐ 両面テープ

　糊(のり)より早く接着できて、セロハンテープより強力なのが両面テープだ。葉っぱの作品で、乾いてめくれてしまうところに使うのもお勧め。

65

葉っぱの魅力

秋が深まると野山を覆い尽くす落ち葉たち。
1枚を手に取ってみると、その形のおもしろさや色の豊かさ、鮮やかさに驚くよ。
そして、笑っている葉っぱや泣いている葉っぱなど、表情もあるんだ。
ここでは柿の葉と、妖怪になった葉っぱを集めたよ。

美しい柿の葉

不思議な妖怪葉っぱ

僕らはどこから
やって来たのだろう
木枯らしに乗って来たのかな
この大地の陽だまりに
降り立った
同じ形や色に見えても、
みんな違うよ
つまみ上げて
よく見て、よく見て

葉っぱの遊び 秋編

作品:61 イチョウの動物たち（立体お座りバージョン）
→作り方P70　素材●イチョウの葉（各作品1枚ずつ）

オオタカ

カエル

ウサギ

ゾウ

作品:62 の作り方 イチョウの動物たち

イチョウの葉を半分に折って、赤い線の所にハサミで切り込みを入れたり、切り取ったりする。葉を広げておへそに柄を刺して、くるっとすれば動物の出来上がり！

コウモリ

シカ

クマ

フクロウ

70

P69のキツネの作り方

①左右対称の葉っぱを半分に折って、図のように切る。

②折り目の所に小さな切れ目（おへそ）を入れる。

③広げて、葉柄をおへそに刺して、顔をくるっと返せば出来上がり。

小さな切れ目（おへそ）を入れる

キツネ

辰美's VOICE

オリジナルの作品を作ろう

イチョウの葉っぱからいろいろな動物が生まれることが分かった？これは30年以上、秘かに作り続けた結果なんだけど、喜びは新しい作品が生まれること。同じ動物、例えばキツネを同じ方法で作っても、人によっておデブや耳の細いのなど個性的なキツネが生まれる。だから、あなたのちょっとした工夫や偶然で新しい動物が生まれるかもしれない。自分だけのオリジナル作品ができるとうれしいよ。

まずは、基本の技が集約されたキツネをマスターしよう。

ヒツジ　イノシシ　カモ　アンパンマン　タヌキ　クジャク

ユリやハス、カラスウリを使った動物

素材
- ユリの実（胴体）
- カラスウリの種（顔）
- シランの実と茎（手足）
- 細長い葉（羽）

枯草に潜むカマキリは
枯草の黄土色
じっと枯草に同化する

作品:**63**

黄土色のカマキリ

雪が積もったら
ウサギも白くなるけれど
今は秋色

素材
- ユリの実（顔）
- カラスウリの実（胴体）
- ジュズダマ（目）
- ユリの茎（足）
- ハマエノコロ（尻尾）

作品:**64**

太ったウサギ

作品：65
→作り方P76
MV

ユリのキツネ

とがった顔のキツネが
すました顔のキツネに恋をした
仲間たちは自分のことのように
恋の行方を心配した

素材 ●ユリの実（顔と胴体）●ナンキンハゼの種（目）●エノコログサ（尻尾）

花と仲良しの君が毒針を隠しているなんて驚いたよ。
自分じゃなく大切な誰かを守るためなんだね。

素材
- 軽量粘土（胸部）
- カラスウリの種（顔）
- 色付けしたアラカシ（腹部）
- プラスチック板（羽）

`作品:66` 花を訪れるハチ

この作品はハチがホバリングしているように動く。
理由はテグスで吊られたハチの胸部と花の中心のそれぞれに
磁石を埋め込んである。
磁石が引っ張り合って、ずっと揺れ続けるよ。

盛り上がった土の中から顔を出してご挨拶
「こんばんは」
「あれ、もう朝ですよ」

素材
- ハスの実（モグラ塚）
- カラスウリ・クルミ（顔）
- オナモミの種（鼻）
- 実無し栗、シランの実（手）

`作品:67` ハスの実のモグラ →作り方P77

74

ネズミの素材 •ハスの実(胸からスカートまで)•ホトトギスの実(手袋をした手)•マテバシイのどんぐり(顔)•ピスタチオの殻(耳)•ヤマイモの蔓(尻尾)
ウサギの素材 •ハスの実(胸からスカートまで)•ススキの穂(手)•マテバシイのどんぐり(顔)•キンエノコロ(耳)•ハマエノコロ(尻尾)

作品:68

おすまし顔で舞踏会
ハスのドレスはチョコレート色
どんな飾りが似合うかしら

動物の舞踏会

作品：65の作り方 ユリのキツネ

野外で接着剤なしでも作れるけれど、グルーガンで固定すると長持ちする。顔は正面を向けるだけでなく、身をひねったりうつむいたりさせると、表情が出るよ。口に何かをくわえさせたりしてもおもしろいね。

①よく裂けたユリの実を枝から折り取る。

②実の3つに裂けた部分を2つ残すと顔になる。

③顔に実（胴体）のついた枝を刺し、エノコログサ（尻尾）を胴体に刺す。

④ナンキンハゼの種の白い層を爪で削って目を作り、付けたら完成。

ナンキンハゼの種

Column

翼を持った種たち

　実（み）は、雌しべの付け根部分である子房と呼ばれる部分が、内部の種子と共に発達したもの。ミカンや柿のようなおいしい果物は、子房に甘い果肉を持つようになり、動物に食べられることで、種が運ばれる仕組みだよ。ユリや松などは甘い果肉を持たないが、風を巧みに利用する個性豊かな形態を持っている。どの実も種子を散布するためにあるんだよ。

　P73のキツネの顔などに使ったユリの実を観察してみよう。3つの部屋に分かれ、部屋に沿ってメッシュの窓が開かれている。部屋には円盤のような翼を持った種が重なって詰まっている。風をとらえて種を飛ばす構造になっているんだよ。

　松ぼっくりの鱗片の間には、ウサギの耳のような形の翼を持った種が格納されている。松ぼっくりがよく乾燥して開く（鱗片が反りかえる）と、種は風をつかんで飛び出していく。

　ユニークな形の実と翼を持つ種は、風をつかんで遠くまで子孫を運ぶために進化したんだね。

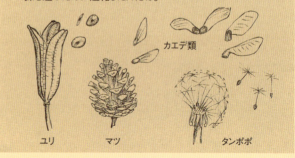

ユリ　　マツ　　タンポポ　　カエデ類

辰美's VOICE

見立て遊び

カラスウリの種

カラスウリの種は何に見えるかな。江戸時代の人は「恵比寿様（えびすさま）」「打ち出の小槌（こづち）」と呼んだそうだ。平安時代の人は、小枝に付けた結び文に形が似ていると思って「手紙（たまずさ）」と呼んだらしい。私はP72のカマキリやP74のハチの顔に使ったけど、子犬のようだって言った子もいた。みんな自分の好きなものに見えるようだね。

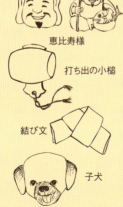

恵比寿様
打ち出の小槌
結び文
子犬

作品:**67**の作り方　ハスの実のモグラ

①ハスの実の裏側を破って、盛り上がったモグラ塚に見立てる。

②カラスウリまたはクルミの乾いた実をハスの実に差し込む。

③鼻になるオナモミや目(小さな種)を付ける。

④実無し栗にシランの実の先を切って付けるとモグラの手になる。

作品:**68**の作り方　動物の舞踏会

ウサギ

① ハスの実はスカートに見えるだけでなく、雄しべや花びらが付いていた部分がドレスの胸に見える。

② 茎の折れ口に頭を付ける。
(頭はP61とP92を参照)

ネズミ

③ 穂や蔓など手に見える物を付ける。

④ 尻尾を動物の種類に合わせて付ける。

ハスの実

お茶の実のおサルさん 顔バージョン

素材●お茶の実（3つ種が入っているもの）

静岡県の特産品であるお茶を使った遊び。秋になると見つかるお茶の実を、道路や岩石などザラザラした所にこすりつけると、あっという間におサルさんになるよ。最初は顔が青いけど、だんだん怒って赤くなる。

お茶の実と花

ザラザラの所ならどこでもOK

数分後……アラ不思議!! 怒った怒った!! 真っ赤なお顔になった!!

作品：69

お茶の実のおサルさん 全身バージョン

素材 ●お茶の実（顔）●プラタナスの実（胴体と尻尾）●クズの実（手足）

お茶畑の茶の木に、秋にはまだ緑色の実が付いている。
中に茶色の種が3つ入っている実（種が1つや2つのものもある）を削ることでおサルさんになるよ。
削る強さや角度でいろいろな表情を見せるのが楽しいね。

夜の森で活動する愛らしい草食獣ムササビ
天狗伝説のある深い森にはムササビが棲んでいる
恐れられる天狗の正体は木々の間を飛ぶ獣だったんだ

> **素材**
> ● アケビの実の皮（身体、翼皮、尻尾）
> ● ハンゴンソウの実（顔）
> ● ジュズダマ（目）
> ● アラカシのどんぐりの殻斗（耳）
> ● ハナオクラの実（腹と胸）
> ● ヤブツヅキの実（手足）

作品:**70**

アケビのムササビ

→作り方P82

俺のことを嫌いかい？不気味だって？
足がむやみと多いからかい？
外見じゃなく生き方で判断して欲しいね

作品:71

クズのムカデ

→作り方P82

乾燥すると茶色くなって地味なムカデになるよ。
目の素材は赤い方がサルトリイバラの実、
茶色の目は野ウサギのフンだよ。

素材
- クズの葉柄（全身、足）
- ブラックベリーの実（複眼）

作品：**70**の作り方 　アケビのムササビ

①落下したアケビや木に付いたままの干からびたアケビを採取する。

②アケビの皮を数分お湯につけてから形を整えて、乾燥させる。

板にくくりつけて伸ばす

③顔や手足などの素材(P80)をボンドで付ける。

④アケビの柄のつけ根を台に固定して、ムササビを宙に舞わせて出来上がり。

作品：**71**の作り方 　クズのムカデ

①クズの葉っぱを(約30枚)集める。

②3枚の小葉を取り外し、葉柄(ようちん)のついた葉柄だけを使う。

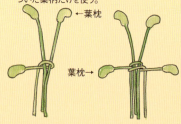

←葉枕

葉枕→

③葉枕を左右交互に出して、30本程度、図のように編む。

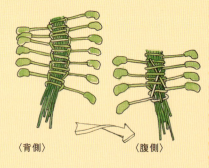

〈背側〉　〈腹側〉

④最後の数本の茎先をムカデの腹部に差し込み、目を付けて完成。

Column

実無し栗

　栗の実は大きく育つまで、とげとげのイガに守られている。狭いイガの中で大きく育つ栗は2つが限界。そのため、ひとつのイガの中で他の栗に養分を取られて、ぺったんこになった実の無い栗ができる。収穫の終わった栗畑に行くと、この「実無し栗」がたくさん拾える。ここではP74のモグラの手のひらやP83のラッコの足として使ったけれど、串やつまようじを刺せば、おさじができるよ。どんなものでも工夫次第で使い道があるね。

作品:72の作り方 ラッコとカメ

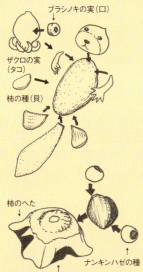

【ラッコ】
①虫食いの栗や実を抜いた栗を頭にして細長い石(胴体)に付ける。

②小さい種を目にして、口や鼻を油性ペンで書き込む。

③おなかの上のタコは、実が大きくなる前に落果したザクロの実にブラシノキの実を口として付けたもの。

④手足や尻尾を胴体に付ければ完成。

【カメ】
①乾燥して裂けたアラカシのどんぐりを頭にする。

②よく乾いた柿のへたを胴体にする。

③ナンキンハゼの目を付けて完成。

黒い部分は切り取る。

ラッコの素材
- 栗の実(顔)
- 粘板岩(胴体)
- カンガルーポー(手)
- 実無し栗(足)
- フジの実(尻尾)
- ザクロ・ブラシノキ(タコ)
- 柿の種(貝)

カメの素材
- アラカシのどんぐり(足)
- 柿のへた(胴体、手足)
- ナンキンハゼの種(目)

姿やしぐさが愛らしい動物がいる
ラッコも人気者だ
ラッコは仰向けになって、
お腹をテーブルにしてお食事をする
足の短いカメは羨ましく見ていました

作品:72 ラッコとカメ

素材大集合

いろいろな形や質感の素材が揃うと創作意欲が湧くね。でもそれらのほとんどはお店では手に入らない（お豆など乾物屋さんにある物もある）。里の野山で季節ごとに探すと、思いがけない素材と出合えて楽しいよ。

木の実／柿の種／柿のへた／ヤシャブシ／ザクロ／クチナシ／アブラギリ／ホウ／桃の種／プルーンの種／キリ／ブラシノキ

草の実

エノコログサ

ユリ

クズ

ジュズダマ

フウセンカズラ

ハナオクラ

ヒシ

トウガラシ

ヒオウギ(ヌバタマ)

マスクメロン

レンゲソウ

コバンソウ

カボチャ

ヒマワリ

フジ

大きな大きなどんぐりの樹
これまでどれだけのどんぐりを落としただろう
たくさんの生き物に命の糧を与えた
どんぐりに入り込んだ虫たちだけじゃなく
リスやネズミ、クマやイノシシまで
その樹は生命のつながりの中で立っている

母なる木

肉食で大食いの僕らは
厳しい冬は寝て過ごすのさ

作品:74 フォックスプラントのキツネ

素材 ●フォックスプラント(顔)●マテバシイのどんぐり(胴体)
●サツキの葉(耳)●キリのつぼみ(手)●柿の種(足)
●エノコログサ(尻尾)

大きいどんぐりは
ほっぺに入らない

作品:75 金色の尾のリス

素材 ●マテバシイのどんぐり(顔、胴体)●ブラシノキの実(目)
●キリの若い実(耳)●カブトムシのフン(手)
●ツバキの実(足)●キンエノコロ(尻尾)

作品:73 紫の耳のリス →作り方P98

まだ足りないかな
厳しい冬の間の食糧

素材
●マテバシイのどんぐり(顔、胴体)
●ナンキンハゼ(目)
●ムラサキエノコログサ(耳)
●柿の種(手)
●ツバキの実(足)
●エノコログサ(尻尾)

どんぐりは栄養豊富だけどおいしくない
固い殻とえご味で自分を守っている

素材
●マテバシイのどんぐり(顔、胴体)
●ジュズダマ(目)
●ピスタチオの殻(耳)
●ホオノキの葉柄(足)
●チモシー(尻尾)

作品:76 大きな耳のネズミ

92

秋から冬にかけて山に行くと、
地面にたくさんのどんぐりが転がっている。
どんぐりは木の赤ちゃん、つまり種。
でも発芽できるのはほんの少し。
ほとんどが森の動物のエサになってしまう。
大きなどんぐり、小さなどんぐり、
丸いどんぐり、細いどんぐり。
さあ、今のうちに
いろいろなどんぐりでポッケをいっぱいにしよう。
お帽子も忘れないで拾ってね。
どんぐりから森の物語を聞くために。

作品:77
まゆとどんぐりのヒツジ

→作り方P98

どんぐりの固い殻を破るのに力は要らない
お陽さまの光と水で包みこんで
そっと待つのさ
やがてどんぐりはその殻を自ら開くんだ

素材
- カイコのまゆ（胴体）
- どんぐり（頭）
- マスクメロンの種（耳）
- 小さな黒い種（目）
- カブトムシのフン（足）

コナラ
ぷちぷち帽子
面長な実
落葉樹

アラカシ・シラカシ
しましま帽子
丸みのある形の実
常緑樹

クヌギ・アベマキ
モジャモジャ帽子
まん丸の大きな実
落葉樹

マテバシイ
枝と一体になった帽子
磨くと光沢の出る実
常緑樹

どんぐり大集合

いろいろな木のどんぐりで「どんぐりの背比べ」をしてみよう。ことわざの意味と違って大きさも形もさまざま。お帽子（殻斗）で分類すると名前が分かるよ。

スダジイ・ツブラジイ
ずきん型の帽子
チョコレート色の小さな実
とがった実はスダジイ、
丸い実はツブラジイ

ウバメガシ
ぷちぷちだけど浅くて薄い帽子
実がちょっと曲っている
常緑樹

ブナ
1つの帽子に2つの小さな実
横断面は三角
落葉樹

ミズナラ
ぷちぷちの深い帽子
コナラよりも大きい実
落葉樹

注意：どんなによく見ても顔は出てきません（笑）

大きい目で探しているのは
エサと彼女です

作品:78

おすましカエル

素材
- 大福豆（顔）
- ジュズダマ（目）
- クヌギのどんぐり（胴体）
- シャクナゲの実（手）
- カボチャの種・カエデの種（足）

早く来ないかな
温かで湿った季節

作品:79

2匹のカエル

素材
- 大福豆（顔）
- トラマメ（目）
- クヌギのどんぐり（胴体）
- ピスタチオの殻（足）

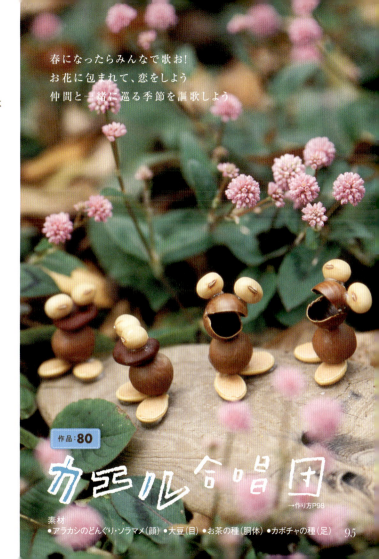

春になったらみんなで歌お！
お花に包まれて、恋をしよう
仲間と一緒に巡る季節を謳歌しよう

作品:80

カエル合唱団

→作り方P98

素材
●アラカシのどんぐり・ソラマメ（顔）●大豆（目）●お茶の種（胴体）●カボチャの種（足）

作品:81
赤い耳のネズミ

→作り方P98

どんぐりは命のカプセル
枯葉と湿り気に包まれて
まず根が出て、それから…

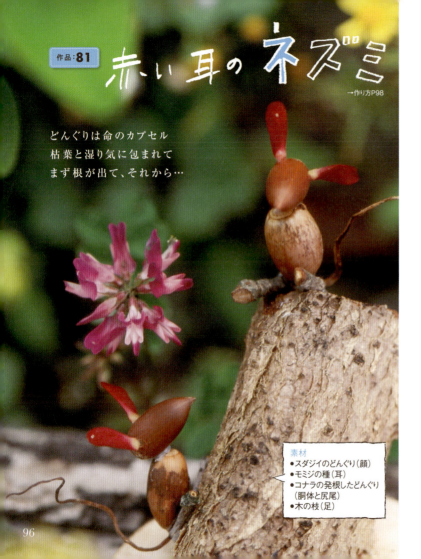

素材
- スダジイのどんぐり(顔)
- モミジの種(耳)
- コナラの発根したどんぐり
  (胴体と尻尾)
- 木の枝(足)

Column

森の豊かさを支える「どんぐり」

　秋の里山に足の踏み場もないほどたくさんのどんぐりが転がっている。その一つ一つが根を出し、芽をふいて、やがて大きな木に育つ力を持っている。母樹の梢から落下したどんぐりは、半分がゾウムシたちに食べられる。残りの多くはネズミたちが運び去りエサとなり、その残りもリスやカケスがくわえて運んで行く。
　どれだけのどんぐりが生き残るのだろう。百年生きて、巨木となってこの森の生き物たちの生を支えるようになるどんぐりは何が違うのか。何も違わない。同じ小さなどんぐりに過ぎない。冬の食糧として土の中に隠されたどんぐりの中のひとつが、発芽したのかもしれない。食べられることで、森の生態系を支えるどんぐり。幾つもの命とつながりを持つどんぐり。どれも同じどんぐり。

作品:82

ナタマメの鳥

素材
- コナラのどんぐりの殻斗（身体）
- 未成熟のどんぐり（目、擬足）

お母さんのしてくれたことは
おいしい葉っぱに
僕を産み付けたことだけ

「芋虫君、おいしそうだね」

「鳥さんよ、下剤するぜ」

作品:83

どんぐりの芋虫

→作り方P98

芋虫の素材
- コナラのどんぐりの殻斗（身体）
- お茶の実の殻（顔の一部）
- フウセンカズラの種（目）

鳥の素材
- ナタマメ（身体）
- アジサイの冬芽（くちばし）
- ナンキンハゼの種（目）
- キリの実のへた（足）

作品:84

どんぐり三兄弟

97

作品:73の作り方　紫の耳のリス

①ツバキの実を図のように分解して、太ももの大きい足を作る。

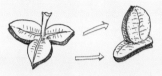

②胴体は大きなどんぐり(マテバシイ)、顔は小さなどんぐり(コナラ)を選ぶ。

③写真を参考にパーツを接着する。

作品:80の作り方　カエル合唱団

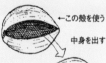

①乾燥して割れてしまったアラカシのどんぐりの殻を顔にする。

②目の2つの大豆は少し離してどんぐりに固定する。

③胴体になるお茶の実に頭をかしげて付けると表情が出る。

④足はカボチャの種で立つようにする。

作品:77の作り方　まゆとどんぐりのヒツジ

①どんぐりの大きさを選んで繭玉の穴に入れる。

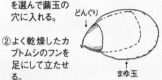

②よく乾燥したカブトムシのフンを足にして立たせる。

③耳と目を付けて完成。

作品:81の作り方　赤い耳のネズミ

①冬に見つけた、発根した状態のどんぐりを尾の付いた胴体として使う。

②よく色付いたモミジの種を耳に使う。

③胴と顔をいろいろな角度で付けて、表情を出そう。

作品:83の作り方　どんぐりの芋虫

①どんぐりの帽子(殻斗)の真ん中に錐(きり)で穴を開ける。

②ワイヤーやモールで10以上の殻斗の穴を通して、端を留める。

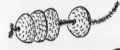

③ワイヤーの端が見えなくなるように、両端にもどんぐりの殻斗を接着する。

④目鼻を付けて完成。いろいろな表情の芋虫ができるよ。

フウセンカズラの種を目にする。→

作品:88 ゾウ →作り方P102

作品:89 ネコ →作り方P102 MV

皮を長くむけばゾウの鼻、三角に立てればネコの耳。へたの部分はネコやクマの鼻やヘビの目に。
指を入れて皮を浮かせて、ほろを歯のように見せればかいじゅうの口。カッパの白いお皿は・・・。

作品:90 カッパ →作り方P102

作品:91 クマ

作品:92 ヘビ

ヘビと人間

→作り方P103

作品:93 人間

皮をむくテクニックもいろいろあって楽しいよ。
ヘビむきなら誰でもすぐできる。
リンゴの皮むきのように細く長くむけたらラッキー。
きれいにむくために、あらかじめ皮に爪やつまようじで傷を付けておくと楽だよ。

101

| 作品:85の作り方 かいじゅう | 作品:88の作り方 ゾウ | 作品:89の作り方 ネコ | 作品:90の作り方 カッパ |

①みかんの真横に爪で半周くらいの切れ目を入れる。

②その切れ目に指を入れて、皮を浮かせる。

③口の両端の上に親指を入れて皮ごと押し上げて目を作る。

④口を開かせて出来上がり。

①太くて長い鼻をむいて作る。

②鼻の付け根に小さな目を作る。

③大きな耳のりんかくを上の部分を残して切り、少し浮かせて前側に出す。

①へたの付いた部分が尖った鼻先になる。

②口を切って、下あごは皮を内側に折り曲げて形を作る。

③細めの目は傷を付けて、少し押し上げるだけ。

④三角の耳を切って、後ろに起こせば出来上がり。

①頭のお皿は、爪で皮を丸く切り出し、白い裏面を上にして元の位置に戻す。

②髪の毛をぎざぎざに切る。

③大きな逆への字に口を切って、上くちびるを浮かせる。

④丸い目を切り取って、髪の毛をかぶせる。

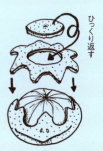

102

| 作品：92の作り方 | ヘビ |

① 写真のようにへたを目に見立てて顔を作る。

② 初めに爪で傷を付けてからむき始めるとうまくいく。

③ だんだん細くしていきながららせん状に最後までむいていく。

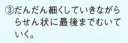

| 作品：93の作り方 | 人間 |

① 写真のように線に沿って爪で切れ目を入れておく。

② 頭と足の先から徐々にむいていく。

③ 最後はへたの付いているところで実からはがす。

④ 出来た人形が男か女かはみかんの皮を裏返すと分かるよ。

どーも、タコです。

みかんのかご

昔から作られていた
みかん遊び（タコとかご）

みかんの遊びは昔からあったんだよ。
その代表的なものが「タコ」と「かご」。
他にもみかんの果汁を使った
「あぶり出し」や「花火」、
「皮飛ばし」などもあった。
おじいちゃんおばあちゃんなら、
遊び方をきっと知ってるよ。

103

作品:94

松ぼっくりのライオン

→作り方P110

風に揺れるたてがみが自慢
無精にしているわけじゃない
顔がでかく見えるって?
にらみをきかすためさ

素材
- 松ぼっくり(顔・身体)
- コナラ(鼻)
- 大豆(目)
- コナラの殻斗(耳)
- カワラハハコ(尻尾)
- ホウノキの葉柄(前足)

素材
- ノアザミ(顔)
- コナラの殻斗(鼻)
- ジュズダマ(目)
- クヌギ(身体)
- ハマエノコロ(尻尾)
- ホウノキの葉柄(足)

素材
- フジアザミ(顔)
- マテバシイ(鼻)
- ナンキンハゼ(目)
- カキの種(耳)
- オオカマキリの卵塊(身体)
- ハハコグサ(尻尾)
- ホウノキの葉柄(後足)

作品:95 松ぼっくりのタヌキ

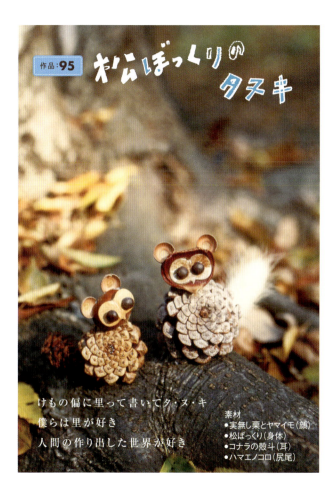

けもの偏に里って書いてタ・ヌ・キ
僕らは里が好き
人間の作り出した世界が好き

素材
- 実無し栗とヤマイモ(顔)
- 松ぼっくり(身体)
- コナラの殻斗(耳)
- ハマエノコロ(尻尾)

作品:96 松ぼっくりのクマ

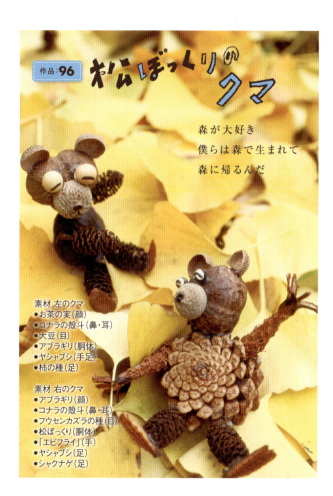

森が大好き
僕らは森で生まれて
森に帰るんだ

素材 左のクマ
- お茶の実(顔)
- コナラの殻斗(鼻・耳)
- 大豆(目)
- アブラギリ(胴体)
- ヤシャブシ(手足)
- 柿の種(足)

素材 右のクマ
- アブラギリ(顔)
- コナラの殻斗(鼻・耳)
- フウセンカズラの種(目)
- 松ぼっくり(胴体)
- 「エビフライ」(手)
- ヤシャブシ(足)
- シャクナゲ(足)

105

作品:97 松ぼっくりの カタツムリ

急がなくっちゃ
特急で君の元に行くよ
待っててね

素材
● アカマツ（殻）
●「エビフライ」（身体）
● フウセンカズラの種（目）

作品:98 松ぼっくりの 馬

素材
● テーダマツ（胴体）
● アカマツ（顔）
● 松の枝（足、首）
● ハスの実（目）
● ワタの実（耳）
● ハマエノコロ（たてがみ）
● 松葉（尻尾）

ゆっくり道草を楽しみたいなら
ひとりでお行き

Column

「エビフライ」の正体は？

　僕がエビフライと出合ったのは本川根町の保育園。おままごとのお皿にどっさり盛られた料理に驚いた。本物のエビフライを使っているのかと思うほどそっくり。何だろうと尋ねると、子どもたちが得意になって教えてくれた。「リスさんが作ってくれたの」って。

　正体は山の尾根にある松林で拾ったリスの食べ跡（食痕）だった。リスが松ぼっくりを両手で持ってカリカリとかじって、種を食べた後に残る松ぼっくりの芯だということを、子どもたちは知っている。自分の大好きなものとイメージが重なって、自然発生的に「エビフライ」と呼ぶようになった。子どもは興味関心のあるものや先行経験で得たイメージで自然物に意味を与えていくのだ。見立て遊びの楽しさを教えてもらった出来事だった。

胴長・短足だけど、バカにしないで
けもの道を走り抜け、
巣穴に潜んだ獲物を追い出すことができる

作品:100 松ぼっくりの**犬**

素材
- トウヒ（身体・頭）
- アカマツ（千足）
- フジのさや（耳）
- メロンの種（目）

作品:99 松ぼっくりの**フクロウ**
→作り方P110

僕んちの母さんはすごいよ
闇夜の森を音もなく飛んで
獲物を一瞬で仕留めるんだ

素材
- アカマツ（身体）
- ヤマノイモの実（顔）
- 大豆・ヤマノイモの種（目）
- キリの実（羽）
- キリの実のへた（足）

107

松ぼっくり大集合

トウヒ

テーダマツ

クロマツ

カラマツ

コウヨウザン

モミジバフウ

松をはじめとする針葉樹の実を集めてみました。形態が似ているモミジバフウやヤシャブシの実も加えておいたよ。どれも個性的で、同じ種類でも様々な表情を見せてくれる。

アカマツの多様な表情

テーダマツのエビフライ

成熟してよく開いた実

未熟な実

車に踏みつけられた実

エビフライ

ヒノキ

小さな実

モクマオウ

メタセコイア

ヤシャブシ

ツガ

スギ

108

森に転がっているどんぐりと
松ぼっくりから生まれた小人だよ

素材
- コナラのどんぐり（顔）
- クヌギの殻斗（頭）
- アカマツ（身体）
- キリの実のへた（手）
- ツバキの実（足）

作品:101 どんぐりの小人

ほんと、もうびっくり
驚いたのなんのって

素材
- アカマツ（胴体）
- お茶の実（顔）
- ジュズダマ（目）
- シャクナゲの実（手）

作品:102 びっくりカメレオン

109

作品:94 の作り方
松ぼっくりのライオン

① ライオンの特徴であるたてがみのある大きな顔を作る。

② 大きな顔が引き立つように、胴体は小さめの素材を選ぶ。

③ 座るか立つかの姿勢を足の付け方で表現する。

④ 先端に房のある尻尾を付けて完成。

　3匹のライオンを見比べると、同じ動物が異なる素材でも作れることがよく分かるでしょ。
　ふさふさしたたてがみを松ぼっくりやアザミの花で表現できること。身体もどんぐりや松ぼっくり、カマキリの卵塊などが使われている。松ぼっくりはクロマツでもアカマツでもできる。
　素材を使い分けたり組み合わせを変えたりすることで、ユニークな作品になるよ。

作品:99 の作り方
松ぼっくりのフクロウ

① 松ぼっくりの付け根を前に向けて、ヤマノイモ（山芋）の割った実を付ける。

② 大きな目を付ける（左のフクロウは大豆、右のフクロウはヤマノイモの種）。

③ キリの実を割って、半分かそのまた半分を羽にする。

④ 足にするキリの実のへたを付けて、横枝に接着する。

ヤマノイモの実

辰美's VOICE
グルーガンに頼りすぎるな

　自然物を使ったクラフト遊びは、グルーガンの登場でずいぶん簡単にできるようになった。すべすべのどんぐり同士を接着するのも、容易にしかも短時間で行える。でも欠点もあることをよく承知して欲しい。

　グルーガンの接着剤ホットメルトは、白くはみ出したり糸を引いたりして、作品を汚してしまう。接着力が弱いので、素材がばらけてしまうことがある。

　そこで、他の方法も合わせて使うと具合がいい。一番のお勧めは、グルーガンで仮留めして、そこに木工用ボンドを補足すること。ボンドはつまようじの先に付けて塗ると簡単で便利。乾くと透明になることもありがたい。

　次にお勧めなのは、つまようじや竹串で連結すること。キリを使って穴を開けて、ボンドでつなげば完璧。丈夫で美しい作品になるよ。

↓スダジイ

接着面が小さい場合もつまようじを使えば丈夫

↑マテバシイ

クラフト遊びに使える素材は無限にある。
野山で得られる素材はどれも個性的。
造形の面白さだけでなく、
素材の持つオンリーワンの質感を味わい尽くす。
命を持っていた物たちを慈しみながら、
「みんな違ってみんないい」世界を楽しもう。

作品:103

花を持ったウサギ

左のウサギの素材
- ハナショウブの実(顔)
- ジュズダマ(目)
- 柿の種(耳)
- クヌギ(身体)
- 柿の種(手)
- ピスタチオの殻(後足)

右のウサギの素材
- ハナショウブの実(顔)
- クラカケ豆(目)
- 割ったどんぐり(耳)
- プラタナスの実(身体)
- 柿の種(手足)
- カワラハハコ(尻尾)

何もこんな季節に求婚しなくても
君と一緒なら、どんな寒さも空腹もへいちゃらさ
あら、私は暖かな家とごちそうが欲しいのよ

111

作品:104 小枝の人

よく見れば、木の枝だってユニークな表情を持っている
枝を折って逆さに置くだけで、何かを語りだす

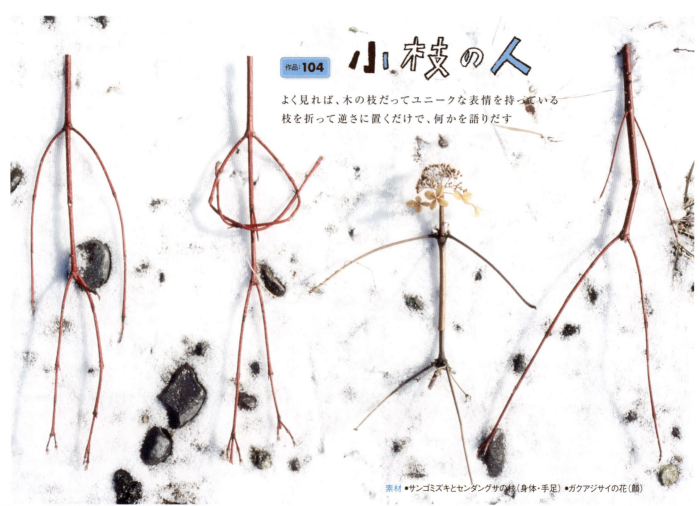

素材 ●サンゴミズキとセンダングサの枝(身体・手足) ●ガクアジサイの花(顔)

作品:105

シカの群れとチビ鬼
→作り方P116

この森に入ってはだめだって?
エサを食べるのがなぜいけない?
誰でも空腹は苦しいだろ

素材 ●ヤブウツギ(角・顔) ●アカメガシワの枝(首から足まで)

Column

「内なる自然」が喜ぶ自然遊び

　進歩こそ人を幸せにすると信じられてきたけれど、文明の発達していなかった時代の人と比べて、現代人が幸せだとは断言できないね。ゲーム機やスマートフォンを手に入れて、便利さや娯楽性は高まったはずなのに、かえって不機嫌な若者が増えているように思える。

　都会の雑踏を抜けて森などの緑に包まれると、心が休まり、ほっとした気分になるよね。それはたぶん、赤ちゃんが母親の胸に抱かれて落ち着くのと同じで、サルから進化した過程で獲得した本能的な感受性なのだと思う。緑の環境を求めるなどの、進化史を通じて人に根付いた性質を人類学者・河合雅雄氏は「内なる自然」と呼んだ。

　自然に触れる活動は、私たちの魂の深いところで喜びを与えてくれるんだね。

作品:**106**

土の精霊

森の木々が土をつくる
土が森の生き物を育てる

素材
- ムクロジの実（顔）
- イスノキの虫こぶ（胴体）
- アラカシの殻斗（おっぱい）
- 木の枝先（手）
- ハナオクラの実・柿の種（足）
- キビの種（目）

作品:**107**

チビ鬼
→作り方P116

我は森に潜む精霊
未熟なれど
森の守護神なり

素材
- ソテツの実（顔・髪）
- ムクロジの種（目）
- 唐辛子（鼻）
- アカマツ（胴体）
- コブシの花芯（腕）
- ピスタチオの殻（足）

114

心に浮かんだ世界で
自分だけの物語を作ろう

作品:108 マツヨイグサのイカ

イカしてるだろ、俺たち
イカなる所にもイカなくちゃ

作品:109 コブシのザリガニ
→作り方P116

素材
- コブシの冬芽の付いた枝（身体とハサミ足）
- ウツギの実（目）
- ガガイモの実（尾扇）

素材
- ガガイモの実（イカの耳）
- マツヨイグサの実（身体）
- ヤブウツギの実（足）

深くて果てしのない森は海のようだ
枯葉の下には海辺にいるフナムシや貝の仲間もいる
木漏れ日の中でうごめく者はだれだ

素材
- ハスの種（顔）
- ヒマワリの種（耳）
- ホワイトペッパー（目）
- ツバキの種（胴体）
- カボチャの種（足）
- ナンテンの枝先（手）

作品:110 ハスの実の黒ウサギ

ボクのこと見てたでしょ
君の視線を感じたよ

115

作品:105の作り方　シカの群れ

素材
- ヤブウツギ(角・顔)
- アカメガシワの枝(首から足まで)

①ヤブウツギの枝から角付きのシカの顔を切り出す。

②アカメガシワの三叉した枝を切ってシカの身体にする。ミツマタなどの三叉する枝でも代用できる。

③①と②をつなげれば出来上がり。目を付けたりすると、より表情が出る。

アカメガシワの枝

作品:107の作り方　チビ鬼

素材
- ソテツの実(顔・髪)
- ムクロジの種(目)
- 唐辛子(鼻)
- アカマツ(胴体)
- コブシの花芯(腕)
- ピスタチオの殻(足)

①ソテツの赤い実を花ごと採取し、尖った部分を髪にする。

②ソテツに着いた黄色い毛を口の周りのヒゲのように残す。

③赤い唐辛子を鼻、ムクロジの光沢のある種を目にする。

④アカマツの松ぼっくりに手足を付けて完成。お好みの素材で手に槍を持たせると鬼らしくなるよ。

髪に使う ─

赤い実を顔に使う ─

ソテツの花の一部

作品:109の作り方　コブシのザリガニ

素材
- コブシの冬芽の付いた枝(身体とハサミ足)
- ウツギの実(目)
- ガガイモの実(尾扇)

①冬芽が左右2つ付いて、いるコブシの枝先を見つけて、切り取る。

②木の実などで目と尾扇を付ければ出来上がり。

冬芽を付けたコブシの木の枝

作品:111

タカサゴユリの キリン

首が長いのは便利だよ
高い枝の葉っぱも食べられるし
遠くまで見渡せる
でも君の未来は見えないよ

左のキリンの素材
- タカサゴユリの大きな茎（首から足まで）
- シュロの花の茎（顔・耳）
- メロンの種（目）
- ハナミズキの実（角）
- 柿の種（舌）

右のキリンの素材
- ミツマタの枝（顔・全身・耳）
- 野ウサギのフン（目）
- 木の枝（角）

この世界は命と光があふれてる
おかげでエサには困らない

素材
●ゴバンノアシ（顔・胴体・尻尾）
●ジュズダマ（目）
●キリの実のへた（手足）

作品:112　ゴバンノアシのトカゲ

辰美の
VOICE

沖縄の ゴバンノアシ

南の島へ行く楽しみのひとつはビーチコーミング。海岸でさまざまな生き物が拾えることだ。その中にゴバンノアシという印象的な植物がある。八重山諸島に多く見られるが、沖縄本島でもたくさん拾えた。熟した実は握りこぶし大になるが、花が終わって間もない親指大の子房にガクが付いた状態のものがうれしい。2つのガクの間から長い雌しべが出ているので、枝の付いた実は足と目を付けるだけで、舌から尾までトカゲそっくりになる。

作品:113

カラスの子

カラスなぜ鳴くの
可愛い七つの子があるからよ

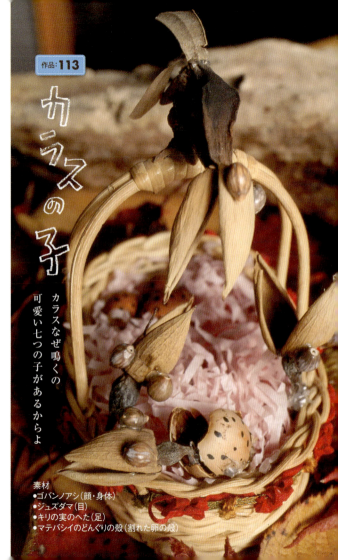

素材
●ゴバンノアシ（顔・身体）
●ジュズダマ（目）
●キリの実のへた（足）
●マテバシイのどんぐりの殻（割れた卵の殻）

辰美's VOICE

笑うキリの実

大きなお百姓さんの家にはキリの樹が植えられていた。娘が生まれると、その子が嫁ぐ時に箪笥(たんす)を作るため植樹したという。身近な有用樹木である上に、その花も実も印象的である。枝にたくさん付いた実の形を見ただけで、つられて笑いそうになる。へたは動物の手足に使えるし、花のつぼみも黄色い粉を吹いたおもしろい形態だ。

巣の中でじっとしてなさいって言うけど
あの山の向こうはどんななの、母さん

作品：114

カモのひよこ

素材
- プラタナスの実（頭・胴体）
- アラカシの殻斗（目）
- ピスタチオの殻（羽・足）
- プルーンの種（口ばし）

作品：115

森のカラス

森で一番おしゃべりなのはやっぱりカラス
森の静寂を破って、楽しそうな会話が続いている
フクロウやコウモリはちょっと迷惑顔

カラスの素材　●キリの実（頭）●ヘチマの種（目）●花オクラ（胴体）●キリの実のへた（足）

地球上の生物で一番多いのは
虫の仲間
多様な形態と生態
お前が好きなのはどんなエサ？
どんな場所？

虫の世界

作品:116 ゾウムシ

素材 ●トチの実（身体）●マダケの枝（足）●フウセンカズラなど（目）

素材
●大きさが合う実など（頭）●コバンソウ（腹部）
●ヌバタマ（目）●小枝（足）
●サツキの葉（胸）●ソラマメの種皮（羽）

素材 ●イチョウの枝（身体・目）●ユリノキの雄しべ（羽）●マダケの枝（足）

作品:117 カワラハンミョウ

作品:118 コオロギ

ありとあらゆる所にいるよ
こんな暮らしもあり

素材
●ホウノキの未熟な実（身体）●花桃の種（顔）●シランの実（触角）
●イタドリの枝（足）●アラカンの殻斗とクラカケ豆（目）

作品:119 アリ

120

作品:120 ダチョウの親子

子どもが笑うと私も笑うの
私が笑うと子どもも笑うの
それでいつでも笑顔の家族

親の素材
● キリの実（顔・足）
● ピスタチオの殻（目）
● ホウノキの熟した実（首から胴体）

子どもの素材
● ピスタチオの殻（顔・羽）
● ジュズダマ・大豆（目）
● センニチコウ（首から胴体）

二本足で立つのは逃げるためだった
それが今では
この世界を堪能するためにある

作品:121

エリマキトカゲ

素材
- フヨウの実（顔）
- ナンキンハゼの実（目）
- 実無し栗（えりまき）
- トチノキの実（胴体）
- カンガルーポー（手）
- シランの実（太もも）
- ヒメシャラの実（足先）
- キウイの蔓（尻尾）

作品:121の作り方　エリマキトカゲ

① 種の落ちたフヨウの実の5裂した部分を、上3つ、下2つを固定すると顔になる。

② 実無し栗を7〜8枚、トカゲのえりまきのように首に付ける。

③ 3つに裂けたトチの実の殻1つを胴体にする。

④ 枝を付けたシランの実の先を胴体に接着する。

⑤ 後ろ足はヒメシャラの実を開いて足の甲の感じを出す。

⑥ カンガルーポーのドライフラワーを手に見立てて付ける。

⑦ 爪で表面を削って黒目を出したナンキンハゼの実（ジュズダマでも可）を目にする。

⑧ 自立するようにキウイの蔓を尻尾として付ける。

フヨウの実

カンガルーポー

作品:122 昆虫の多様性

木の実や小枝、そして小動物のフンだって組み合わせ次第で楽しいクラフト作品に生まれ変わる。本の中でいろいろな作品を紹介してきたけれど、どんな素材を使うかはあなた次第。身近な自然素材に目を向けてみよう!

芋虫
- 野ウサギのフン(身体)
- ヌバタマ(目)
- イチョウの新芽(鼻)

テントウムシ
- トチの種(身体と頭)
- マダケの枝(足)
- アサガオの種(鼻)

クモ
- フジの種(腹部)
- お茶の種(頭胸部)
- イチョウの新芽(目)
- マダケの枝(足)

アリ
- センダンの実(腹部)
- モクマオウの実(胸部)
- スダジイの実(頭部)
- ブラシノキの実(目)
- マダケの枝(足)

ハナアブ
- イチョウの枝先(身体)
- ブラシノキの実(目)
- ヤマノイモの実(羽)

草花遊び・ネイチャークラフトの意義を考える（あとがきに代えて）

「急ぐな！

　大人になるのを急ぐな！

　たくさんの生き物と胸ときめく不思議に、

　河童のように目を見張るのだ。」

これは、NPO法人「里の楽校（がっこう）」が主催する夏のキャンプで、怒れる不動明王が子どもたちに伝えたメッセージの一節です。お不動さんが乗り移り、メッセージを読み上げたのは「里の楽校」校長の私です。今日の子どもたちの日常は、ゲームやアニメなどの仮想現実に入り込み、本物の手応えとは全く異なる強い刺激に慣れ親しんでいます。実体の無い空虚なものに駆り立てられる毎日の中で、子どもの「内なる自然」や生き物としての本能が萎えていると感じています。そんな子どもたちを見ていて、自然体験で感性のきらめきを取り戻して欲しいという願いを表現したものです。

五感を発揮し、確かな手応えのある現実の世界と関わることが、子どもの好奇心や意欲を蘇生させてくれるはずです。これこそが手作りの自然遊び・ネイチャークラフトの目的なのです。私は木の実などの自然素材を使って生き物を作る活動を「アニミズム遊び」と呼んでいます。アニミズムの感覚が地球市民としての環境マインドの基礎であると考えるからです。

アニミズムとは命のない物を、あたかも命があり意志があるかのように擬人化して捉えることです。宗教学者E. B. タイラーは霊魂や精霊などの霊的存在を信じる古代人の原始的な自然観や宗教を、アニミズムと呼びました。日本人は「八百万の神」などと呼んで、あらゆる物に霊魂が宿ると考える民族です。山、森、川から家や厠に至るまで、森羅万象に精霊や神を感じ取る日本人の感性は、アニミズム的な背景を持つと言われています。

また、子どもはその成長段階のある時期（2歳から7、8歳ごろ）において、すべての対象を「心を持つ存在」と思ってしまう傾向があります。すなわち、月でも花でもおもちゃでも、何でも擬人化して捉える傾向があり、生物・無生物を明確に区別する概念を正確には持っていないとされています。このことを発達心理学者J.ピアジェもまたアニミズム

と呼び、幼児期特有な自然観であると言っています。

　宗教学者や発達心理学者は古代人や幼児に特有な自然の捉え方としてアニミズムを限定したのですが、私は現代人や大人にもその感性は宿っていると確信しています。日本的な自然観とも言われるこの感覚を刺激することで、大人も子どもも生命に対する感受性が高まり、環境共生的な世界観が持てるようになると思います。物の価値を活かしきろうとする「もったいない」の概念や、食事の際に食材となった生き物に「いただきます」と祈りを捧げるといった日本人特有の思想に繋がるものです。

　私たちの心に宿るアニミズムという感性によって生み出された作品は、森の動物に限らず、昆虫類、両生・爬虫類、さらに妖精や怪獣など様々です。どの素材も、生物体の断片や命を失って地面に落ちた植物の一部です。それは、やがて朽ち果てて大地に戻っていくものであり、そこに再び生命や魂を吹き込むのがこの造形遊びなのです。この活動は単に楽しいだけでなく、この星の大いなる秘密に気付かせてくれるかも知れないと思っています。

　それは、私たち人間は地球という星から生み出されたものであり、

多くの生き物と同じく人生も、地球というひとつの生態系の一部分であるということです。自然や生き物との一体感を感じ、それらのお陰で自分は生かされていると感じられるのです。生きる歓びと感謝を感じさせることは、子どもを素直で優しい子にするために欠かせないことです。持続可能な地球環境の保全や自然保護思想の普及を図るためにも、このことは重要な気付きになると期待しています。少なくとも、この自然遊びによって得られる生命に満ちた世界との一体感は、私たちや子どもの心を和ませ、生きる力を与えてくれるものなのです。

　この本はそんな野望を抱く多くの同志の努力によって作られました。写真家石井雅義氏は新しい作品群ができる度に、千葉から駆けつけてくれ、アニミズムの世界観を表現してくれました。子どもたちのリアクションは写真家望月やすこ氏の優しい眼差しに依るものです。また、私のわがままな要求に最後まで応えてくれたデザイナーの森奈緒子氏と編集の柏木かほる氏によって、読者の要求に応えるたくさんの情報を盛り込みながらも、遊び心を伝えるおしゃれで楽しい本になりました。これらの方に心からの謝意を表し、筆を置きます。

山田　辰美

著者紹介

山田 辰美

静岡県藤枝市生まれ。幼少期から自然や生き物の研究に没頭し、生態学者として今日に至る。
小川、里山、農村などの野生生物研究、身近な環境の保全と復元に関する研究が専門。「ビオトープ」という考え方を日本に広めた研究者の一人で、富士山の環境保全活動でも知られる。常葉大学名誉教授、富士学会監事、環境省自然環境保護推進委員、ふじさんネットワーク副会長、NPO法人里の楽校理事長など。静岡放送SBSラジオ「山田辰美の土曜はごきげん」のパーソナリティを12年間つとめた。主な著書に『農村自然環境の保全・復元』(朝倉書店)『自然の素材で作る森の動物たち』(学習研究社)『ビオトープの管理・活用』(朝倉書店)『ビオトープ教育入門』(農文協)などがある。

＊構成・編集
静岡新聞社　出版部
＊design and illustration
森　奈緒子 (sky beans)
＊illustration
土橋礼拓 (62muni)
＊撮影
石井雅義
望月やすこ

草花・葉っぱ・木の実で作る
自然遊び入門

発行日　2015年3月20日 初版発行
　　　　2018年9月25日 第2刷
著　者　山田辰美
発行者　大石　剛
発行所　静岡新聞社
　　　　〒422-8033
　　　　静岡県静岡市駿河区登呂3-1-1
　　　　Tel.054-284-1666

印刷・製本　図書印刷株式会社
©Tatsumi yamada 2015 Printed in Japan
ISBN978-4-7838-0773-5　C0076

＊定価は裏表紙に表示してあります。
＊本書の無断複写、無断転載、コピーを禁じます。
＊落丁・乱丁本はお取り替えいたします。

本の中で MV マークを付けた下記の作品は
インターネットで作り方の動画が見られます。
「土曜はごきげん わくわく野遊び教室」で検索してください。
ほかにも楽しい作品動画を発信中です。

P10「ツバキのお雛さま」
P22「泣いたキツネ」
P22「踊るウサギ」
P31「シュロのバッタ」
P32「シュロのカタツムリ」
P46「アオキの葉のざる、お皿」
P46「ツバキの葉のおぞうり」
P68-69「イチョウの葉の動物たち」
P73「ユリのキツネ」
P97「どんぐりの芋虫」
P99「みかんで遊ぼう」

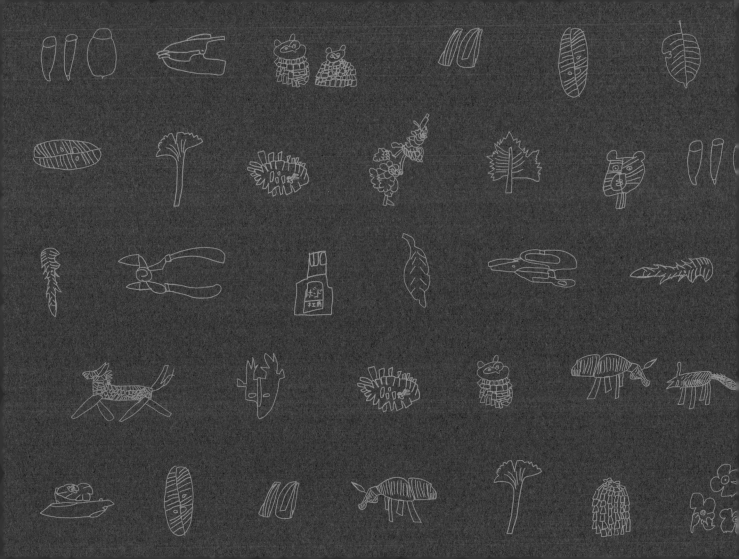